Data Science

数据科学商业实战

[美]菲尔德·卡迪 (Field Cady) ◎著

樊菲菲◎译

中国原子能出版社 中国科学技术出版社

·北 京·

北京市版权局著作权合同登记　图字：01–2023–2722。

图书在版编目（CIP）数据

　　数据科学商业实战 /（美）菲尔德·卡迪
（Field Cady）著；樊菲菲译 . — 北京：中国原子能出
版社：中国科学技术出版社，2023.10
　　书名原文：Data Science: The Executive Summary –
A Technical Book for Non–Technical People
　　ISBN 978–7–5221–2919–8

　　Ⅰ . ①数… Ⅱ . ①菲… ②樊… Ⅲ . ①人工智能–应
用–商业管理–研究 Ⅳ . ① F712–39

中国国家版本馆 CIP 数据核字（2023）第 161593 号

策划编辑	申永刚　任长玉	特约编辑	任长玉	
责任编辑	付　凯	文字编辑	任长玉	
封面设计	仙境设计	版式设计	蚂蚁设计	
责任校对	冯莲凤　张晓莉	责任印制	赵　明　李晓霖	

出　　版	中国原子能出版社　中国科学技术出版社
发　　行	中国原子能出版社　中国科学技术出版社有限公司发行部
地　　址	北京市海淀区中关村南大街 16 号
邮　　编	100081
发行电话	010–62173865
传　　真	010–62173081
网　　址	http://www.cspbooks.com.cn

开　　本	880mm×1230mm　1/32
字　　数	182 千字
印　　张	9.875
版　　次	2023 年 10 月第 1 版
印　　次	2023 年 10 月第 1 次印刷
印　　刷	北京华联印刷有限公司
书　　号	ISBN 978–7–5221–2919–8
定　　价	79.00 元

（凡购买本社图书，如有缺页、倒页、脱页者，本社发行部负责调换）

目　录

1

第 1 章

绪论

1.1 为什么企业管理者需要了解数据科学

如今，图书市场上有许多面向企业管理者的数据科学的书籍，这些书讲述商业成功的故事，并配有精美的插图，还会对热门趋势指点一二。看完这些书，你可能会对数据科学领域的知识感到兴奋，你甚至可能会暗自窃喜，因为自己对这些前途无量的领域有所了解。然而，要想成功完成一个项目，或让你的企业享受数据的所有优势，仅阅读这些书还是有些不足。因为根据你所承担的不同角色，现实也会有所不同，你可能需要确定你对某项"分析工作"到底有多信任，才能最终决定你的公司未来会投资哪种金融工具、是否会雇用或管理一个数据科学专家团队。要想做到这些，你无须亲自编写代码或进行数学推导，但是你需要具备扎实的数据科学基础知识以及辩证思考的能力。

过去，要想解决一些定义准确且商业意义明确的问题，我们使用的是统计学和会计等数学类学科知识。即便你没有STEM（科学、技术、工程和数学）教育学位，你也能看出某项药物检测是否有效，也能理解什么是收支平衡！但是，随着企业需要处理的开放式问题越来越多，使用的数据集越来越复杂，分析性问题也变得更加模糊。人们实际面临的数据科学问题很难与教科书内容完全匹配，通常情况下，商业问题或数据问题的处理都需要临机决策。如果你不熟悉基本的技术概念，那么你的决策可能就显得很轻率。与此同时，数据科学已在商业领域中迅速普及，企业管理者和经营者所面临的技术门槛比以往任何时候都要高。

新时代已然来临，而商业教育却处于脱节状态。多数职业"商业课程"很少涉及专业概念，而"专业课程"却更侧重于实操技能，但对于企业经营者来说，实操技能毫无用处。本书是一个折中的方案：向非专业人士介绍现代数据科学的核心概念。我不会教你如何亲自开展数据科学工作（专业技能属于专家的工作范畴），但我会教你识别优质数据分析所需的概念背景知识、将业务需求设计为可解决的问题、管理数据科学项目、了解数据科学可能会如何改变你的行业等。

我之前从事过顾问的工作，以下是我的一些亲身经历。有的项目经理会努力调解专业知识方面的一些分歧，但他们做出最终决策的依据通常是人们的性格，而不是这些人的想法是否有价值。在一些概念验证项目中，经过证实，人们发现概念本身就是错的，其原因在于组织者设定的成功指标并不合适，面对承包商交付的成品，有的高管毫无头绪，无法判断成品是否物有所值。

但是也存在一些不同的例子：有的管理者会与数据分析师沟通，提出切实的问题，进而推进业务发展；有的高管了解什么是可行的，什么是不可行的，自然会将资源转移到可能成功的项目上；有的非技术人员可以发现分析师的重大纰漏，在整个组织内就结果展开沟通。

数据科学方面的书籍一般分为两类。其中一类的目标读者是想要成为数据科学家的人，这类书侧重于实例编码，还会详细说明如何调整各种模型。另一类书籍的目标读者不能或不愿意进行批判性思考，对这类读者来说，专业类书籍基本无用。本书的定位和上述两种情况都不一样。我认为，对现代商业领域的职场人来说，不是可能需要学习数据语言，而是必须学习数据语言。

1.2 新时代的数据素养

在过去的商业领域中，分析工具扮演的角色都是次要的。多数情况下，我们会使用分析工具去解决一些众所周知的专业性问题。即便需要开展更全面的分析，使用分析工具处理的也是那些描述清楚的问题，例如通过实验来了解客户喜欢什么产品。

两个趋势的出现改变了这种情况。第一个趋势是计算机闯入了日常生活和商业活动的方方面面。对于每个手机软件、计算机程序中的每个新功能或检查工厂运转状况的每台设备，都是由计算机根据算法规则作出决定，而非由人来判断。从本质上来说，确定规则、衡量其有效性、持续监控，都属于分析行为。第二个趋势是涌现出大量的数据和数据处理机器。在过去，数据还很少见，即便收集数据，也是出于特定目的，为了便于展开特定的分析工作，人们还会精心处理数据。而如今，每台设备都在生成稳定的数据流，可以被动收集数据，再以最便捷的格式存储数据。最终，高性能计算机集群利用这些数据来解决问题，能解决的问题范围之广，令人难以置信，而很多得到解决的问题并不是使用数据的原本目的。

我并不是说计算机能够自行处理所有事情。恰恰相反，计算机缺乏对现实世界的洞察力、创造力、认知力。人类的工作正是使用计算机强大的计算能力来解决问题的，而问题的答案还需要由人类作出解释，这也能看出计算机存在局限性。人类不会被取代，人类将引导机器的发展。

每每看到有些商界人士精明、机智且诚信尽责，却跟不上这些新变化，我都深感担心。即使是很优秀的企业管理者，也可能由于一些愚蠢的原因而在重大决策上犯错，甚至会沦为那些不择手段且油腔滑调的供应商的牺牲品。我的一些朋友和同事便有过这种经历，这不是智商高低或认真与否的问题，而是因为许多人缺乏必需的背景知识，所以出现这种情况也是可以理解的。鉴于此，我编写了这本书，献给我的朋友们及有类似经历的人，帮助他们掌控数据时代的趋势，不再落伍。

1.3 数据驱动式开发

那么数据分析的目标是什么呢？不夸张，不猜测，如果一个企业能有效利用现代数据技术，那会是什么样的呢？好处有哪些呢？目前，一个目标就是实现"数据驱动式开发"（data-driven development，简称DDD），这个领域正在不断进步。如果一个企业以DDD为目标，那么在业务流程的所有阶段中，人们都会收集、建模和部署数据，以便更好地做出决策。整体经营目标和工作流程是由专业人士制定的，但是，在后续阶段，相关人员会监测并优化系统的每个部分，严格测试各个假设，确认大规模趋势，再加以利用。在企业经营的所有环节中，数据能持续提供帮助，使人们手头的问题顺利得以解决。

就我看来，DDD有三大优势。

人为决策更为明智。要优先处理哪些事情？如何分配资源？在制订项目计划时，需要考虑哪些因素？这些都是企业运营中常见的决策问题。到底该如何作决定，决策者通常也没法做到信心满满，能解决问题的数据要么得不到，要么不可信。在DDD模式下，决策者可以迅速得到自己所需的数据，了解如何存取数据和哪些模型能提供解释和预测，理解分析的可靠性。

某些决策能自动实现。如果说数据科学领域只有一类优质的应用，那非机器学习算法莫属，这种算法能在没有人为干预的情况下做出决策。DDD系统以历史数据为基础，大部分工作流程都可以实现自动化，从而保证工作效率。

一切皆可测，一切皆可控。要想了解某项大型的、复杂的、实时的操作，你需要一直监控这项操作的各个方面。这个范围既包括具体的统计数据（例如某个网站的访问者或某个生产线阶段的产量），也包括更为模糊的概念（例如用户满意度）。这样一来，我们才能够不断优化系统、快速诊断问题、更快响应不断变化的环境。

乍一看，这些优势似乎与企业运营并不相关。但实际上，二者之间有很多共同之处：都依赖于相同的数据集和数据处理系统，都使用相同的模型进行预测，都会相互影响。如果某个自主决策算法突然开始表现不佳，那就要进行调查，可能需要做出高级经营决策。监测系统使用自主决策算法来确定事件的优先级，以便协助人工调查。任何重大经营决策都会附有计划，便于记录其实施效果，按需作出调整。

如今，数据科学被视为一系列独立项目，每个项目都有自己的模式、团队和数据集。但在DDD中，项目其实就是单个统一系统的应用。DDD提供了公共数据库的访问权限，但它的能力范围远不止于此。DDD能掌握所有商业运营环节的走向，让大部分业务实现自动化。即便无法实现自动化，DDD也能让人们对最佳的分析结果了如指掌。

某些事情明明是可以测定的，你却只是干坐着瞎猜，而某些想法明明能得到测试，你却选择祈愿，希望能出现更好的结果，这都是在浪费精力。在理想的情况下，我们应该花时间去提出具有创造性的新想法、了解客户需求、开展深层次故障排除或预测史无前例的"黑天鹅"事件（指非常难以预测且不寻常的事件，通常会引起市场连锁负面反应甚至颠覆型的结果）。DDD能利用机器和现有模型进行分析，让人类专注于只有人类才能完成的工作。

1.4 如何使用本书

本书旨在帮助没有专业知识的人快速读懂数据科学。我有两个目标：一是介绍数据科学的现状、分析工具以及短期发展方向；二是介绍一些经典的数据分析核心概念。如果你是拥有专业基础知识的数据科学家，但是你想研究企业的运营发展，让自己的职业生涯更上一层楼，那么本书也适合你。

本书的第一部分介绍了数据科学的商业应用。我使用了一些非专业术语解释什么是数据科学，如何管理、雇用数据科学家，如何与数据科学家开展合作以及如何在不涉及专业知识的情况下使用DDD。

但是，要想真正拥有数据素养，你还需要具备一定的专业背景知识，至少要了解一些相关概念。这正是这本书其他章节的内容。我会介绍必要的基础知识，让你能够提出明确的数据分析问题，了解什么是能做到的、什么是不可能做到的，理解不同方法之间的权衡，批判性地思考数据分析结果的有效性。我会用基本术语去解释核心专业术语，说明专业细节知识带来的真实影响，避免不必要的形式主义，我的文字说明不会晦涩难懂。我已经把理论的篇幅降到了最低，但在必要时，我也会举例说明为什么某个理论十分重要。我十分认同爱因斯坦的一句格言："一切都应该尽可能地简单，而不是较为简单。"

在本书中，某些章节的标题会注明"高阶内容"，也就是说，这些章节的内容介绍了很多专业知识。要想真正理解某些数据科学技术的优势和劣势，这些内容是很有必要的。但是，如果你感兴趣的是如何设计数据分析问题、管理数据科学团队，那这些内容就没那么重要了。

我尽量让每个章节的内容都各自独立，便于你进行碎片化学习。各个概念有时是相互依赖的，在这种情况下，我会做出明确说明，并对核心背景知识进行总结，便于你参考使用本书。

2

第 2 章

**商业领域中的
数据科学**

本章会重点解释数据分析的核心概念，并说明如何将数据科学在企业中的作用发挥到最大。本章的第一部分会先从"纯商业"的角度出发，简要介绍数据科学家能为企业带来的价值、数据科学家在商业生态系统中扮演的角色以及如何雇用数据科学家并实现高效管理。

2.1　什么是数据科学

对于"数据科学"，目前还没有一个普遍公认的定义。我也不希望有这样一个定义，因为比起清楚明确的工作任务，数据科学与历史事件之间的关系更为紧密。第一批数据科学家解决的问题通常属于统计学或商业智能的范畴，但他们解决问题的方式更侧重于计算，很大程度上依赖于软件工程和计算机科学技能。接下来，我会详细讨论一些历史事件以及各个工作岗位之间的模糊界限。在本书中，我对数据科学的定义是：数据科学是指出于某种原因需要具备大量软件工程技能的分析工作。

严格来说，这种定义适用于统计学家、业务分析师和数学家等人群，但这些领域中的大多数人都无法胜任数据科学家的工作。未来，如果教育的发展能满足信息经济的需求，那么这种情况可能会发生变化，但是，就目前而言，数据科学家承担的工作职能角色是非常独特的。

2.1.1　数据科学家的工作内容是什么

数据科学的工作内容可主要分为两种情况：在一种情况下，客户是人类；而在另一种情况下，客户是机器。一般来说，两者使用的数据是相同的，使用的方法也大多雷同，但是目标和最终可交付的成果会大相径庭。

如果你的客户是人类，那么你一般要研究企业的经营情况（例如，用户情况），或者利用数据来帮助做出决策（例如，产品的某个功能是否足够有效？维修成本是否合理？）。有些问题非常具体，比如某一特定模式在可用数据中出现的频率。然而，大多数问题还是开放式的，确定最佳解决方案的过程也比较灵活。示例如下：

如何量化某软件产品的某一功能的有效性。有几点需要弄清楚：数据日志中的"成功情况"是什么样子的、某些客户是否比其他客户更重要、不确定性是如何符合最终评定要求的。

如何确定可用数据中是否存在某种引人注目的操作方式。企业一般都持有数年的数据，想了解自己的用户分类是否合理，或者某些重要事件是否存在领先指标，这类"了解情况"的分析工作通常都是试探性的，衡量是否值得为某件事付出额外的时间和精力。

- 如何寻找能够预测计算机是否会出现故障或交易是否会完成的模式。如果模式与故障密切相关，那么该模式反映的就是可被纠正的问题（尽管这些问题超出了你的控制范围）。

- 如何测试两个网站版本，以了解哪个版本更有效。这类A/B测试主要属于统计学领域，但是，衡量有效性通常需要进行很多编码分析工作，这就超出一般统计学家的能力范围了。

通常情况下，上述工作的可交付成果是幻灯片、书面报告或电子邮件，包含对各项结果的汇总。

如果你的客户是一台机器，那么数据科学家一般需要设计的就是计算机使用的逻辑操作，以便计算机自动作出实时判断。示例如下：

- 需要决定向用户展示哪个广告或确定在网站上对哪种产品进行向上销售（向上销售是指根据既有客户之前的消费喜好，提供更高价值的产品或服务，以刺激客户做出更多的消费）；

● 监测工业机器的情况，在出现情况时，确认故障的领
先指标并发出警报；

● 确认装配线上的哪些组件可能会导致下游出现故障，
以便将其丢弃或进行再加工。

在上述情况中，数据科学家通常会编写在生产环境中运
行的代码的最终版本，至少也会编写一个初始版本，再由工
程师整合到最终产品中。在某些情况下，他们不会编写实时
代码，而是会编写定期重新运行的代码，以调整商业逻辑过
程中的各个参数。

数据科学工作主要分为两类：生成易于理解的观点和完
成生产过程中使用的代码和模型，两类数据科学工作之间的
差异见表2-1。

表2-1　两类数据科学工作对比

客户	用途	可交付成果	特殊事项
人类	● 了解企业业务 ● 帮助人类做出与数据有关的决策	● 幻灯片 ● 能解释方式/原因的描述性内容	● 提出有用且可回答的问题 ● 如何衡量业务成果

续表

客户	用途	可交付成果	特殊事项
机器	● 自动做出决策	● 产品代码 ● 性能规格	● 代码质量[①] ● 速度特性

我描述的两类工作角色看起来不同，但实际上，一位数据科学家可能同时参与这两类工作。这两类工作使用的很多数据集和专业知识都是相同的，而且相互之间经常有很多反馈。例如，我上文提到了能确认工业机器故障的领先指标，人类可以利用这些信息来改进流程，而机器可以利用这些信息在故障可能发生时发出警报。

常见情况并不完全符合"客户是机器"或"客户是人类"的分类，即建立数据分析的基础结构。尤其是在小型企业或团队中，数据科学家就像是一个独自经营的商店。他们会设置数据库，编写预处理脚本，将数据转换为适合数据库的形式，并创建能够执行标准监控工作的仪表盘。最终，数据科学家可以利用这些基础结构来帮助人类或机器客户。

2.1.2 数据科学的历史

在数据科学的历史上，出现了两个重要节点。一个节点

---

① 代码质量是指编程过程中的一系列最佳操作，能让代码变得更易于理解，更易使用，包括代码的组织方式、优秀的命名规范和文档等内容。

是数据分析方法和统计学的发展，计算机的可用性尤其影响了它们的发展。另一个节点就是数据本身以及改变我们看法的大数据技术。

数千年来，人们一直以某种形式来收集和分析数据，早在1662年，统计学便已成为一门学科。那一年，约翰·格朗特（John Graunt）和威廉·佩蒂（William Petty）使用数学方法来研究一些人口统计学问题，包括人类预期寿命和城市人口。随着科学革命的兴起，越来越多的数学方法得到了发展，特别是，人们使用天文数据来判断天体的位置和轨迹。人们开始在其他领域应用这些科学方法，就像是医学界的弗洛伦丝·南丁格尔（Florence Nightingale）。成立于1834年的英国皇家统计学会认可了统计学的通用用途，古典统计学中最伟大的人物是罗纳德·菲舍尔（Ronald Fisher），在20世纪初，他几乎是单枪匹马地创建了现代统计学，他侧重于生物学问题，其实就是用一组方程来说明真实情况，对事情的本质作出总结，但这些方程式十分简单，可以手动求解。

随着计算机的出现，情况也发生了变化，因为不再需要进行手工计算。我们可以尝试不同的分析方法，看看哪些方法有效，甚至能以开放式的方式来研究数据。此外，计算机的出现也促进了机器学习的早期发展，机器学习在统计学和其他领域都备受关注。无论采取哪种方式，目标都是实现准确预测。以前，你需要先了解现实情况，再将其变成一个数学模型（希望能成功），总结你正在研究的现象的本质，然后准确作出预测。但是，你也可以选一个非常复杂的模型，然后用计算机来解决问题。这样的话，你可能就不需要去"理解"情况：如果你的数据足够多，那你可以通过死记硬背的方法来拟合一个模型。真实情况很复杂，比起人类能理解的简单理想化模型，将复杂模型拟合到大型数据集，效果可能会更准确。

在20世纪后半叶，出现了两极分化的情况。传统的统计学家继续使用基于理想化情况的模型，但越来越多的人尝试了这种新方法。针对这种差异化情况，1991年，机器学习的领军人物之一、统计学家利奥·布雷曼（Leo Breiman）给出了最恰当的描述：

要想使用统计建模从数据中得出结论，有两种方法。一种方法是假设数据是由某一随机数据模型生成的。另一种方法是使用算法模型，认为数据机制是未知的。一直以来，统计学界几乎都只使用数据模型，导致出现了一些无关的理论和可疑的结论，统计学家无法大规模研究有趣的流行问题。无论是在理论方面还是实践方面，在统计学以外的领域，算法建模都发展迅速。算法建模既可用于大型复杂数据集，也可以用于较小数据集。算法建模是数据建模的一种替代方案，更准确，信息也更丰富。如果我们的目标是使用数据解决问题，那么我们就要摆脱对数据模型的完全依赖，选用一个更多样化的工具集。

早期的"算法模型"包括标准分类器和回归分析，这两者是机器学习这一学科建立的基础。之后，这一领域的范围变得更广，将深度学习也包含在内，比早期模型复杂得多，但也（可能）更加强大。

数据领域这个概念尚且较新。2004年，大数据运动开始了，谷歌曾发表过一篇关于MapReduce的论文，MapReduce是一种新型软件框架，有了它，人们可以轻松对一个计算机集群进行编程，对单一分析工作展开协作，数据集（非常有可能）分布在集群中的各个计算机上。尤其在早期，计算机集群是出了名的挑剔，比起统计学家的知识量，计算机集群需要的信息技术技能可能要多得多。

大数据的另一个新特点是数据通常是"非结构化"的。也就是说，数据并不是排列成一行行和一列列的相关数字，而是由计算机生成的HTML网页、Word文档和日志文件，格式五花八门，在设计格式时也并未考虑任何特定的分析问题。数年来，众多公司都积压着凌乱的遗留数据，而MapReduce终于能让这些数据有用武之处。

在多数大数据操作中，只需要将原始数据放入数字表格中，使用统计学或机器学习方法也能完成这些操作，也就是说，可以使用大型代码框架来处理所有不同格式，再利用专业商务知识将原始数据变成有意义的数字。实际的统计工作通常只是拟合一条线，因为存在许多可变因素，所以从事这项工作的人需要拥有数学知识才能真正完成这项工作，但是基本不需要动用优秀的统计学家。

所以，数据科学家这样一个混合角色便诞生了。他们大多是计算机科学家和软件工程师，尤其是拥有扎实的数学背景的人（很多伟大的计算机科学家一开始都是物理学家，我一直都对此震惊不已），这造就了数据科学家的神话，他们是精通所有STEM知识的杰出的博学家，真心建议你去看一下数据科学家的履历！

但现实情况是，你需要的是一个既能编码又能分析的人，这两个学科基本不相关，对二者均有涉猎的人绝大多数就是博学家。其实无须如此，教育从业者很快就发现：对于所有STEM领域的人来说，扎实的编码技能至关重要。在向别人解释我的工作时，我经常开玩笑地说："把一个平庸的计算机程序员和一个平庸的统计学家加在一起，就会得到一个优秀的数据科学家。"

技术不断发展，个人计算机的功能越来越强大，我们不再那么依赖集群计算（本书的后续章节会介绍集群计算的很多缺点，如非必要，不建议使用集群计算）。由于集群计算能力已变得更强，因此，数据科学家不用花那么多时间去解决软件故障，可以将更多的时间花在建模上。这样一来，数据科学又回到了原点：数据科学家之前是可以从数据中获得有用信息的集群操作者，现在成为主流专业人士，可以尽其所能（数学或编码专业知识）去解决企业经营问题。

2.1.3　数据科学路线图

我对解决数据科学问题的流程进行了总结，称之为数据科学路线图，见图2-1。第一步始终是确定问题所在：确定商业实例，设计一个（或多个）明确清晰的分析学问题。这是整个流程中最重要的阶段，因为这一步决定了最终结果能否帮助改善企业经营状况。对企业管理者和高管来说，提出正确的问题是最关键的一步。

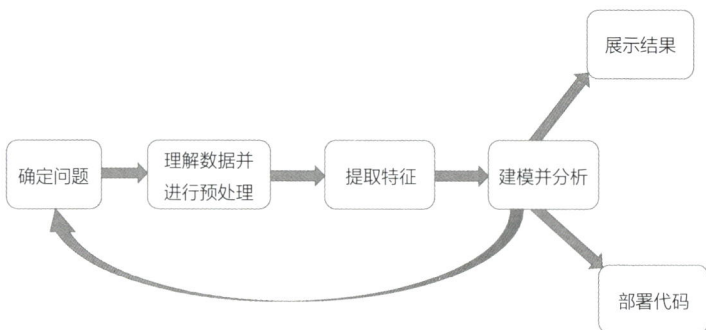

图2-1　数据科学路线

数据科学的过程是深度迭代的，随着新发现的出现，问题和方法也在不断发展。在第一阶段（也是最重要的阶段），要提出能够创造最大商业价值的问题。

下一步是处理数据及其描述的真实情况，包括如何进行数据格式化、如何访问数据以及数据描述的细节。这个阶段会指出数据的重大缺陷，要想对我们的目标问题作出修改，可能需要使用这些信息。接下来是"提取特征"，我们要将数据转换成有意义的数字和标签，以描述研究对象的特征。举例来说，如果原始数据是文本文档，那么特征包括长度、某些关键词/短语出现的频率以及是否由企业员工编写。提取出的特征也可能非常复杂，例如某一图像中是否存在人脸（由计算机程序作出预测）。

如果说数据科学中最重要的步骤是提出正确的问题，那么第二重要的可能就是提取特征。现实世界和数学在此相遇，因为我们既想获得能如实反映商业现实的特征，又想拥有良好的数学特性（异常值的鲁棒性[①]、不存在病态边缘情况等）。随着本书内容不断深入，我会介绍更多关于提取特征的内容。

一旦将特征都提取出来，实际分析工作的范围就比较

[①] 鲁棒性：指控制系统在一定（结构、大小）的参数摄动下，维持其他某些性能的特性。——编者注

广，从简单的饼图到复杂的贝叶斯网络都有。重点是，这时就需要回到确定问题这一步。数据科学是一个深度迭代的过程，我们会根据新发现不断作出修改。在实践中，各个阶段可能会混在一起，视情况而定，每前进一个阶段都要谨慎，但最重要的过程就是利用我们的发现来完善我们提出的问题。

最后，请注意，这个流程存在两条路径，分别是展示结果和部署代码，二者对应的情况分别为客户是做出企业经营决策的人类和客户是自主作出判断的机器。

2.1.4　揭开术语的神秘面纱：机器学习、统计学和商业智能

许多领域都与数据科学相关，你可能会觉得各种术语难以理解。因此，为了让你更好地了解数据科学，我会一一介绍数据科学与其他学科之间模糊的界限。

2.1.4.1　机器学习

机器学习（Machine learning）是多种技术的集合，计算机可以采用这些技术来分析数据集并识别其中的模式，尤其是与预测相关的模式。一个典型的例子是拍摄大量照片，再将这些照片手动标记为包含或不包含人脸，这就是"标记数据"。然后在标记数据上训练机器学习算法，以便准确识

别未来的图片是否包含人脸。机器学习专家往往具备计算机科学背景，擅长分析各种机器学习模型在数学方面的细微差别。在数据大量可用的情况下，这类模型效果尤其好，因此能找到一些非常灵活的模式。

对数据科学家而言，机器学习模型的用途广泛，但他们通常将这类模型用作预先打包好的工具，并不太关心它们的内部运作情况。他们更关心的是确定问题：我们究竟想要预测什么？能否妥善解决商业实例？数据科学家会花费大量的时间将已知问题从数据中清除，再将其压缩为实用的格式，以便机器学习模型更容易找到相关模式。

2.1.4.2 统计学

之所以说统计学与机器学习相似，是因为统计学中的数学原理能够发现和量化数据模式，但是，这两个学科的发展历程大不相同。机器学习源于计算机科学，其计算能力自不必说，研究的数据集通常也非常大。因此，机器学习能够研究非常复杂的模式，也能深入分析这些模式是否存在及其有效性。统计学这门学科出现的时间更早，其早期研究对象多为农业数据和人口普查数据。通常情况下，统计学没有很多大型数据集。如果你正在研究一种药物是否有效，那么每一个额外的数据点实际上就是一个人的生命，所以统计学家会竭尽全力，从非常稀少的数据中提取尽可能多的意义。忘掉机器学习的高度调优模型以及花哨的性能规格吧，统计学家通常也不清楚某种模式是否存在，他们会花费大量时间去区分什么是真发现，什么是纯巧合。

在现代商业领域中，统计学与数据科学一般是相辅相成的。统计学常用于进行严格控制的实验、检验非常具体的假设、得出与因果关系有关的结论。我们常使用数据科学来研究大量可用的数据，不过首先要作出假设。例如，你可以使用数据科学来确定某个网站上的哪个功能是人们作出购买的最佳预测指标，然后设计另一个可以更加突出该功能的网站版面编排，再运行A/B测试①。我们可以使用统计学来确定新的版面编排是否真正带来了更多的购买量，并评估实验必须达到什么规模才能达到某一置信水平。

在实践中，数据科学家要处理的问题和数据集通常更适合使用机器学习去处理，而不是统计学。然而，数据科学家确实需要了解基本概念，如有需要，还需要了解机器学习是在什么情况下对统计数据进行仔细分析的。

2.1.4.3　商业智能

"商业智能"一词更关注数据的用途，而不是数据存

---

① A/B测试是将事物随机分为一个对照组和一个或多个测试组，以证明针对测试组采取的不同措施是否产生任何影响。要想区分相关性和因果性，随机分区是关键所在。

储、格式化和分析方式等专业知识。其目的是对业务流程给出主观性意见，帮助决策者进行监测，做出正确的决定。商业智能分析师的工作职能之一就是使用数据库中随时可用的数据展开分析，从数学的角度看，分析都比较简单（例如，饼图和内容随时间变化的图表等）。他们的工作重点是将数据与业务现实联系起来，以图形方式为工作流程的各个方面提供意见。商业智能分析师的工作就是完成一个总结性表格，这个表格把各种操作总结为几个关键图表，一旦图表中出现特殊情况，再深入了解细节。

这样一说，商业智能可能听起来很像数据科学——图形式探索、提出正确的业务问题等。事实上，数据科学家与商业智能分析师给出的可交付成果通常是相同的。不同之处在于，商业智能分析师通常不具备一项技术技能，即提出数据库查询无法解答的问题（如果你不明白这是什么意思，本书后面会进行介绍）。一般来说，商业智能分析师既不具备优秀的编码技能，也不精通复杂的数学知识。但是，他们会使用Tableau之类的工具去实现华丽的可视化效果，他们对业务的了解也更为透彻。

我之前讲过，在数据科学领域，有时"客户"是一台可以自主运行算法的机器，而有时则是可以作出决策的人类，这是对学科进行分类说明的另一种方式。机器学习专家的客户通常是机器，这些机器能生成复杂的模型。统计学家和商业智能分析师的工作成果是服务人类的。

2.1.5　数据科学家不（不一定）做什么

一个常见的问题就是，数据科学的定义过于宽泛，人们都认为，数据科学家是多面手型天才，他们能胜任任何与数学相关的工作，你可以把任何问题交给他们。之所以产生这种误解，一部分原因是数据科学本质上是一门"万事通"的学科，另一部分原因是某些数据科学家确实是天才（尤其是第一代数据科学家），掌握许多相关领域的专业知识。

我想简单说明一些不属于数据科学范畴的事情，来澄清这种情况。也许某位数据科学家能够做到，但不是所有数据科学家都能做到。

2.1.5.1　在没有数据的情况下开展工作

就我的经历而言，最为常见的一个无理要求就是在没有数据的情况下开展数据科学工作。这个要求看似矛盾，实际上很现实，因为人们通常很难获得高质量的数据集。假设你正在制造一台工业机器，你想建立一个系统来监测制造情况，并对故障作出预测，但是由于机器尚不存在，因此你并没有数据。或者，如果你想了解客户的人口统计数据，但你从未收集过这些信息。这种情况不是企业领导者的错误，实际上是积极性带来的副作用，但是，这会让事情变得很复杂。

如果你遇到这种情况，那你就可以聘请数据科学家来帮助建立数据收集系统。但是，把技术任务交给数据工程师，效果可能会更好，你也可以与领域专家合作，了解哪些数据最重要、哪些数据是需要存储起来的。在以下两种情况下，数据科学家可能会更适合。

（1）如果某个数据集与你想研究的内容是相关的，数据科学家可以研究这个数据集，希望某些研究结果能对其概括说明。但是，你必须记住两点：

- 你的研究结果可能无法对情况进行概括说明。衡量风险是领域专家的问题，而不是数据科学家的问题；

- 你可能想要利用容易得到的数据集对数据处理渠道进行开发，之后再将真实数据并入其中。但是，你拥有的数据集的格式可能并不相同，都有自己的特性，在这种情况下，如果真实数据可用，便可能需要重新处理全部数据。这样的话，还不如慢慢等。

（2）你可以根据"数据应该是什么样"的理论知识来模拟数据。最明显的是，你无法通过模拟数据来了解真实情况，但模拟数据会帮你对数据存储框架进行压力测试，或是帮你训练机器学习模型的第一版。

过去，有一个客户正在制造机器，聘请我开发算法，目的是识别机器数据图中的某些特征形状。之所以没有数据，是因为客户尚未部署机器，但他们有一些教科书图片，说明了绘制的形状在理论上应该是什么样子的。我编写了一个脚本，为每种形状设计了数百种变体，以此检查我的算法是否能够区分它们（按小时计费），效果非常好。然而，当我最终拿到真实数据时，我发现与教科书上的示例并不相同，数据中包含的异常情况与我模拟的完全不同。面对真实数据，我的算法失败了，我的所有工作最终都毫无用处。

总的来说，没有数据，便没有数据科学。

2.1.5.2　处理无法解释的数据

通常情况下，你是能获得数据集的，但能读懂数据集完全是另一回事。常见的情况是，人们会给数据科学家一个没有文档的大型数据集，然后要求数据科学家猜测这是什么意思。在大型企业更是如此，不同的团队可能设计了不同的数据收集流程；存在遗留数据；各个团队可能不想互相帮助等。工业数据集还存在很多边缘情况，考虑到数据的收集方式，这些情况都是合理的，但是如果没有背景知识，那么一切都没有意义。一般来说，仅凭数据，无法弄清楚数据的真实含义。

众所周知，大型数据集并不透明，有些公司声称，他们出售的软件能自动理解所有边缘情况，还能为基础数据提供友好的界面。我对这种说法深表怀疑，因为即使是聪慧的人类通常也无法理解所有特点。在真实情况中，你必须弄清楚数据的含义，没有捷径。

如果你无法理解某些数据，那么最大的问题在于你无法从这些数据中提取特征。你无法仔细量化某些真实情况，只能生搬硬套一些公式，看看哪个有用。纯靠运气决定，很多公式可能都是没用的，而实际上，你也不会去测试哪个公式最有效。即便你找到的公式很有效，依旧无法判断如果未来情况稍有不同，这些公式是否还适用。

我曾经遇到过类似的情况，我将许多生产线制造阶段的数据集放在一起，想要预测最终产品的缺陷。几十个表格，数百个变量，但几乎没有什么信息是人类能理解的。出于某些原因，这些字段和表格的含义无从得知，因此，我只能盲目地寻找数据中的相关性。许多变量确实与产品缺陷密切相关，但是在费尽力气弄清特定变量的含义之后，最终却发现每一个变量都是工程师们已经熟知的无关琐事。

如果你拥有很多数据，但并不清楚这些数据是什么意思，那么聘请数据科学家或数据科学顾问就有点儿浪费钱。相反，你应该向专家求助（最好是参与数据收集的专家），了解并记录不同字段的含义。

2.1.5.3　取代领域专家

对数据科学最大的诋毁之一就是，能使用数据科学取代专业知识。在前文，我曾提到，如果你没有数据，但又想预测在数据集中会出现哪些模式，那么专家的角色便至关重要。但是，要想在了解事实之后对数据作出解释，再提取出可预测模型的良好特征，领域专家的角色也至关重要。

之所以会产生取代领域专家的说法，还是因为人们过于相信机器学习发现数据模式的能力。我在后续章节也会提到，机器学习寻找的模式通常是非常笼统的，机器学习之所以具备这种能力，就是因为这些模式发挥作用的范围非常广泛。如果数据中的主要模式不够笼统，那么机器学习就无法找到这些模式。有时，最强大的模型（如深度学习）可以代替真实模式，完美地完成学习任务，但这样一来，比起平常可用的数据，需要的训练数据更多，产生的复杂模型会很难理解，且无法调试，还不如直接去询问了解该领域的人！

如果要解决的是大家都很熟悉的日常问题（测量网站流量），或者原始数据包含的字段很少，直接将其用作特征也很合理，那么数据科学家能在这些情况下作出即兴发挥。然而，在更复杂的情况下，数据科学家必须与领域专家密切合作，才能设计出能说明实际情况的特征。不过，数据科学家也可以是领域专家，要么现学现卖，要么开始学习该领域

（参见下文有关"公民数据科学家"的讨论内容。如果你已经是某个领域的专家了，那么学习一点儿数据科学知识会大有帮助！）。归根结底，数据科学并不是取代专业领域知识的方法，而是对专业领域知识进行补充，使用一些工具去执行更强的数据分析、创建有效的模型。

2.1.5.4 设计数学算法

这个标题可能有些出人意料，所以我来解释一下。很多人需要使用复杂的数学算法来解决某些商业问题，因此想聘请被誉为"数学奇才"的数据科学家为他们开发算法。问题是数据科学只涉及一小部分数学知识，尤其是说明某一数据集模式的方法。其实数据科学远不止于此。

例如，假设你是一家快递公司的经营者，你想弄清楚哪些包裹应该由哪些司机运送，以及司机应该走哪些路线。你已经知道一个地方到另一个地方的距离以及每辆车可以容纳多少包裹，你想对包裹进行分配并规划路线，以尽量减少所有司机的总行驶里程数。这项任务很复杂，可能很难解决，但严格来说，这就是一个简单的数学问题，而且正确答案只有一个（也可能是几个答案，不过每个答案的里程数都相同）。你可能需要花费大量的脑力和计算能力来解决这个问题，但你不需要参考历史数据。

许多问题都属于"运筹学"的范畴，运筹学是一门利用计算数学来解决类似各种物流问题的混合性学科。运筹学这个学科本身就很吸引人，我认为，比起数据科学家，运筹学专家更配得上"数学奇才"的美誉。机器学习是根据其之前观察到的模式猜测答案，而运筹学是根据基本原理来推断正确答案。

在大多数情况下，机器学习和运筹学要解决的问题并不相同。复杂的物流难题不易受到蛮力模式匹配的影响，相反，机器学习会注意到一些并不明显的模式，而人类一般觉得这些模式不需要进行编码。灰色地带是存在的，运筹学通常会使用数据科学来解决次要问题，但二者是不同的学科。

2.2 企业中的数据科学

本节不会讨论数据科学家的工作内容，而是将介绍数据科学家如何展开团队合作并为企业增加价值。

2.2.1 附加值类型

你已经了解了数据科学家要解决的是哪类问题，但我想举例说明这些问题是如何为企业增加价值的。

2.2.1.1 商业见解

数据科学家最基本的工作职能就是提供商业见解。这些见解通常是指相对简单的一次性任务，其结果可以归结为一个幻灯片，甚至是一个数字。性价比最高的方法就是帮助人们制定SQL查询，该查询实际上包含了他们想要计算的内容。在其他情况下，问题是非常开放的，需要数周的迭代来测试不同的标准（什么属于"忠实用户"？这些数据中又出现了哪些噪声源？），在获得答案之前，必须对这些标准做出非常细致的解释。

一个关键问题在于：商业见解是知晓即可，还是会成为商业决策的一部分呢？你可以提出无数个问题以及衍生问题，除了得到"消息灵通"的心理安慰外，你将一无所获。最好的方法就是使用数据科学来检验企业经营决策背后的假设，确认经营过程中的痛点，辅助关键决策。

2.2.1.2 智能产品

数据科学中的许多知名应用都将逻辑嵌入到了软件生产中，包括著名的奈飞（Netflix）的推荐引擎和能够识别工厂生产线上不良品的系统。此类应用的核心通常是大规模的机器学习算法。数据科学家的工作职能涉及一个系统的所有部分，包括明确哪些具体问题需要解决（例如反映商业价值的成功指标）、提取关键特征、构建数学模型以及编写能在生产中运行的高效代码。实际上，像奈飞的推荐引擎这样的应用是由一个包含许多不同学科专家的大团队来完成的，而较小的项目通常由一个人来完成。

通常情况下，尽管数据科学家不可能独自完成整个项目，但是他们会为核心逻辑编写代码，之后，这些代码会连同软件工程师的工作成果一起集成到最终的产品中。数据科学家一般不具备完成生产代码所需的特定技术能力，他们可能并不熟悉生产代码使用的编程语言，对使用的软件工具也很陌生。生产代码库可能非常复杂，除了完成其他职责外，让数据科学家去了解整个代码的来龙去脉是不切实际的。数据科学家可能无法成为一个能提高代码效率的优秀程序员。在这些情况中，关键问题都是：数学建模和软件工程师编写的生产代码之间的区别是什么呢？

我会在后续章节更详细地讨论一些可能会发生的情况，但首先我要介绍一个很少成功却很常见的选择：让数据科学家告诉工程师要执行什么逻辑。首先，沟通关于算法的信息会产生巨大的成本，之后，你会面临一项艰巨的任务，那就是即使错误已修复，功能已添加，你还需要保证两个并行代码库执行的任务是相同的。一般情况下，数据科学家最好找到一种能自行编写逻辑代码的方法，然后将其嵌入更大的框架中，这个框架由工程师进行维护。

2.2.1.3　构建分析框架

如果一个团队想整理其数据分析工作，那么数据科学家通常是最先出现的人，但他们面临的往往只有一大堆数据文件。虽然数据科学家的主要任务是制定和回答问题，但在这些情况下，数据科学家的首要任务就是整理数据并将数据放入合适的数据库等。理论上讲，这是数据工程师的工作（数据工程师是专门研究数据处理系统的软件工程师），但是这些工作却经常落到了"多面手"数据科学家的手上，因为只有先完成这些工作，数据科学家才能开展自己的工作。

在准备工作全部完成之后，自助服务系统的大部分工作就已经完成了，团队的其他成员也可以访问该系统，这个系统可能包括实时仪表盘、使用方便的数据库等。许多数据科学家设计了此类工具，让数据访问变得大众化，让工作流程中的单调部分实现自动化。这样一来，团队可以更快地获得常见问题的答案，数据科学家就能将时间花在更棘手的建模问题上。

2.2.1.4 离线批量分析

是该让数据科学家编写实时生产代码，还是让数据科学家只提供数字和图表？这两件事情的中间点是设计离线运行的批量分析流程。假设某个流程需要每晚运行或不定期运行，并且需要很长时间（大约几个小时）才能完成。那么比起批量处理标准，软件工程标准没那么高，因为它针对的是实时产品。如果你可以接受长达几个小时的运行时间，那么效率就不是主要因素或问题，如果出现问题，那么你只需要解决内部问题，而不是面向客户的问题。

有些情况下，我们会使用批量处理去制作报告、生成最新的项目仪表盘和指标、标记异常行为，以便人工检查。如果"客户是人类"，这就是典型的方法。在其他情况下，批量处理会把机器学习模型的参数调整为最新数据，或者给数据库增添数据，生产系统可以实时访问该数据库。

2.2.2　单人工坊和数据科学团队

尤其在中小型组织中，一个团队通常拥有多名软件工程师、经理等，但是只有一名数据科学家，原因有以下几点：

- 数据科学家负责的项目规模都很小，小到一个人可以处理。与大多数生产软件相比，正确制定问题、回答问题所需的步骤更少；
- 在设计软件产品时，大部分工作通常是编写生产软件，而不是分析数据。因此，团队里的工程师应该比数据科学家要多；
- 数据科学工作具有周期性特点。很多工作都会导致重大商业决策的产生，有时会在工作前期开发一些重要的机器学习模型，之后的工作就相对比较平稳。

在某些团队中，兼职数据科学家的工作量通常并不大，数据科学家一般还要负责其他任务，比如软件工程。在这种情况下，数据科学家其实也可被称为"公民数据科学家"[①]，换句话说，有的员工其实是领域专家，但是还掌握了数据科学家的技能，在需要时可以挺身而出。

如果企业的规模越来越大，那么拥有大规模的分析基础设施就很有意义。在这些情况下，需要不断地调整运行软件的逻辑、定期整理并生成报告、开展大规模测试并准备好处理与企业每个方面相关的一次性问题。

2.2.3 相关工作角色

数据科学家通常并不是现代数据生态系统中唯一的参与者。在本节中，我将介绍一些与数据科学相关的其他工作角色。

2.2.3.1 数据工程师

数据工程师是专门设计、开发和维护数据存储和处理方法的软件工程师。数据科学家完成任务的方式可能不够标准，但是，数据工程师会以一种更强大的方式来完成工作。可以将数据工程师比作Web开发人员，每位数据工程师都是

[①] 公民数据科学家是指主要工作并不是数据科学家的员工，但他们拥有专业知识，能将其应用于团队工作中。一般来说，公民数据科学家是无价的，因为他们能够提出正确的问题、真正理解答案。这一点通常掩盖了他们在数据科学工作中可能存在的弱点。

高度专业的领域中的软件工程师，他们掌握的大量技术和最佳实践都超出了普通软件工程师的能力范围。

在大规模数据操作中，数据工程师负责确定相关数据库、数据整合系统和预处理管道。简而言之，数据工程师创造了一个环境，让数据科学家可以专注于数据的内容，而不是信息技术问题。数据工程师通常对统计学或机器学习知之甚少，但他们会与数据科学家展开合作，确保系统在预期使用情况下实现极高的性能。标准数据处理工具（例如，关系数据库[①]和大数据管道）可能是由数据科学家或数据工程师完成的（尽管数据工程师通常表现更好）。一旦提到将数据加载到处理工具中的并行方式，或是处理工具的实时响应能力，描述的完全就是数据工程师的工作范畴。

有人认为他们需要的是数据科学家，但聘请数据工程师可能是更好的选择。如果你拥有的是一堆令人头痛的杂乱数据，而实际上你的问题简单而准确，那么数据工程师可能会做得更好（薪酬可能也更低）。表2-2列举了一些典型的工作，有的工作更适合数据工程师，有的工作更适合数据科学家，有的工作两者均可胜任。

---

① 关系数据库是一种将数据存储到具有行和列的表格中的数据库。这是目前很流行的数据库类型。

表2-2　数据工程师和数据科学家工作分工表

数据工程师	二者均可	数据科学家
● 设计一个系统，以并行方式将数据加载到数据库中 ● 建立一个数据库，加快某些已知查询的运行速度 ● 编写批量处理作业，将已知异常值从数据集中清除	● 将很多CSV或Excel文件放入一个简单的SQL服务器 ● 计算一个数据集中的概要统计信息	● 任何类型的机器学习建模 ● 检查可用数据，为"忠实用户"或"高度活跃的环节"等制定适用标准

数据工程师专门研究设计软件系统、存储和处理大量数据，而数据科学家关注的是如何使用这些系统来创建模型、收集详细情况。

2.2.3.2　数据分析师

如前所述，数据分析师擅长对数据采取简单的数学操作，从而得出一些商业见解，尤其是创建图表、汇总统计数据。这些图表和统计数据通常是在软件框架的帮助下完成的，使用的软件工具可能是Excel或Tableau等知名产品，但也可能是数据科学家/数据工程师设计的内部工具。

数据分析师通常更了解可用数据集的范围以及整个企业的情况，例如数据中的边缘情况是如何与企业流程的特性相对应的。因此，对于数据科学家来说，这种资源很宝贵，数据分析师会"深入研究"特定数据集的建模情况，并提出一连串相关问题。

如果领域专家是在工作过程中学习数据分析，那么数据分析师和数据科学家之间的区别可能会变得模糊。如果有人正在调整机器学习模型，那么他显然是一名数据科学家，而如果他在工作中只使用Tableau，那么他就是一名分析师。但是边缘情况比比皆是，比如Excel高级用户。个人而言，我通常是用编程来划清界限：如果你的分析工作包括重要的编程工作，而且使用的是编码或脚本语言，那你就是一名数据科学家；但是，如果你坚持使用数据库查询，那你就是一名数据分析师。

表2-3列举了一些典型的工作，有的工作更适合数据科学家，有的工作更适合数据分析师，有的工作两者均可胜任。

表2-3　数据分析师和数据科学家工作分工表

数据分析师	二者均可	数据科学家
● 设计新闻稿中使用的精美图表 ● 将包含不同图表的仪表盘放在一起，协助监控产品的各个方面	● 完成随时间变化的简单商业指标图，获得商业见解 ● 编写数据库查询信息	● 对超出拟合趋势线的部分做出预测 ● 编写脚本，重新格式化数据，以便绘图软件进行处理

商业智能分析师通常无法设计复杂的数学模型，也无法

自行编写代码（可能除了数据库查询）。然而，他们深入了解业务本身，擅长以令人信服的方式传达结果。

2.2.3.3　软件工程师

软件工程师也被称为软件开发人员，是负责编写软件产品代码的主要人员，代码既可以作为产品进行出售，也可以成为非常强大的内部工具。

数据科学家和软件工程师使用的许多工具都是相同的，因此，在外界人看来，这两种工作是非常相似的。一个关键区别是代码质量、文档化水平、可靠性、遵守最佳范例的程度等方面的标准。一个生产软件通常需要一大段代码，由一个团队在很长一段时间内进行维护和完善且必须在系统稳固的情况下运行。这就对生产代码及其编写方式提出了许多额外的要求，具体如下：

- 因为团队和任务会随着时间而发生变化，所以代码应该非常明白易懂，即便没有原作者的帮助，其他人员也可对代码进行使用和修改；

- 因为代码库很大，所以它的各个模块结构必须清晰，这样的话，即便只理解了一部分代码库的内容，也能实现生产效率最大化；

- 代码库的寿命预计会很长，因此模块的编写方式应该支持未来的可能用例；

- 因为失败的成本非常高，所以必须有一个系统能彻底检测其性能，确保故障得到正确处理；

- 多人对同一代码进行更改，因此在与他人协调更改事宜时，所有人都必须遵守规则。

我并不是建议所有生产代码都遵循（或者应该遵循）上述全部准则，毕竟成本很高，但是，数据科学的范围颇为宽松。

数据科学家和软件工程师会在两大领域展开合作：分别是能收集或生成数据的代码和能在生产过程中运行数据科学逻辑的代码。一提到能生成数据的代码，软件工程师通常是最可靠的消息来源，他们帮我们理解数据的含义、找出有关问题。软件工程师不仅仅能理解数据，还会编写创建数据的代码！软件工程师还会与数据科学家合作，确保生成的原始数据格式能够捕获所有必要信息，且更易于处理。

在"智能产品"那一节，我已经介绍了数据科学家与软件工程师的团队合作。在某些情况下，可使用数据科学知识来调整生产代码中的参数，或验证在生产过程中运行的简单逻辑。但是，如果分析更为复杂，例如机器学习模型或复杂的回归情况，与其让工程师设计一个并行的"支持生产"版本，不如由数据科学家来编写生产代码通常会更好。

一般来说，比起单独创建一个部分，将数据科学代码与框架的其余部分集成为一个整体的难度更大。解决方案是不管是采用REST API（填充数据库的批量处理过程），还是包含逻辑的代码模块，都要让数据科学家和软件工程师尽早就代码接口方式达成一致。之后，数据科学家可以从早期阶段便开始编写代码，代码的输入和输出均采用商定的格式。

通常有一个好方法，那就是让数据科学代码的第一个版本在逻辑上变得容易解决，但能与框架的其余部分正确集成。这样一来，你就能保证这两个代码库从一开始就可以展开协同工作。否则，一旦某些不可预见的原因导致集成失败，且整个系统无法正常运行，那你将面临一场紧急灾难。

表2-4列举了一些典型的工作，有的工作更适合数据科学家，有的工作更适合软件工程师，有的工作两者均可胜任。

表2-4　软件工程师和数据科学家工作分工表

软件工程师	二者均可	数据科学家
• 设计一款面向用户的软件产品，具有从容处理故障的能力 • 很多员工共同研究一个代码库，在其中进行人员协调	• 创建一个外观普通的内部网站，为数据编写注释 • 编写能将预训练机器学习模型嵌入产品的代码	• 确定某一软件预测用户操作的逻辑规则 • 分析软件产品产生的数据

软件工程师设计的产品的规模和复杂性远远超出数据科

学家通常能处理的程度。然而，数据科学家也经常设计嵌入产品的逻辑、分析生成的数据。

2.3　聘请数据科学家

因为数据科学家的薪水很高，而且你还必须对他们的多项技能作出评估，所以，聘请数据科学家是一项耗时费钱的巨大投资，甚至比其他工作岗位更耗时和费钱。

本节将对你的数据科学工作需求做出评估，并说明如何聘请最优秀的人才来满足这些需求。

2.3.1　我真的需要数据科学吗

许多企业管理者尚未遇到具体的数据科学问题，他们面临的是堆积如山的技术问题，需要有人来帮助他们解决所有问题，满足工作需求。能胜任这份工作的人可能就是数据科学家了，但他们也可能来自其他领域。经常有人联系我，提出一些与"数据科学"工作有关的问题，而他们真正需要的是数学家、数据工程师、分析师或程序员。

为了确定你是否真的需要数据科学，我编制了这份清单，对一般要求进行说明：

- 你拥有（或可以获得）数据。数据科学工作会从真实数据中提取模式，并获得见解。如果无法获得数据，那你就需要找出获取数据的方法。数据科学家也许可以帮助你，但这并不是他们的核心工作职能。如果你想做的事情不需要数据，那么你寻找的也许是能按照基本原理解决问题的专家或者数学家。

- 你知道（或能理解）该如何解释数据。如果你的数据就是一堆文件，那么还不足以解释数据。你需要知道数据各个部分的含义及数据组织方式，或者你至少能理解数据。网页和书面文档之类的数据集通常都不是问题，但是，某些工业数据集就是一堆不透明的数字和文本，只有领域专家才能了解个中含义。

- 你的问题是开放式的，或者你需要人工智能模型。如果你的问题有些难以理解，例如，量化客户忠诚度的最佳方式，那么数据科学家能够设计出很好的方法，实现量化并检查其有效性。如果你的目标是开发一个能进行自主决策的人工智能模型，那么就属于数据科学的范围。此外，你要是确切地知道你想计算什么，对你来说，聘请一位数据工程师可能是更好的选择。

- 你认为未来会出现更多问题，或者你需要改进你最初的问题。聘请数据科学家的成本很高。举例来说，如果你的数据科学工作是一次性的，而你的目的是设计一个机器学习模型，你未来也不准备更新这个模型，那么你可能需要聘请一名顾问。

如果你满足上述所有标准，那么恭喜你，你可以聘请一位数据科学家！

2.3.2　最简单的选择：公民数据科学家

"公民数据科学家"是指从事部分数据科学工作（至少是最近在某些情况下）但"数据科学家"并不是其主要工作职能的人。公民数据科学家一般都是拥有数据分析技能的专家，他们在自己的领域中表现得更好。在某些情况下，他们会慎重决定是否要学习在自己行业中并不常见的技能。在其他情况下，他们拥有专业背景知识（如工程或科学），很多人都已经掌握这些技能。你要视你的需求而定，公民数据科学家可能正好适合你。

公民数据科学家最大的问题在于，他们可能缺乏更高级的数学技巧和计算技术，因此会导致系统性能很差，需要花费很长时间才能得出结论，如果他们的解决方案依赖于更先进的数据科学工具，那这种情况尤其明显。公民数据科学家最大的优势是他们对各自的专业领域了如指掌。因此，在从复杂数据中提取核心特征时，这种专业知识对他们大有帮助。在数据科学的核心工作中，非常宝贵的一个环节就是提出正确的问题。

公民数据科学家通常很擅长使用Tableau、Excel等工具，或者在各自领域流行的数据分析包。这些工具非常擅长简化常见用例，还能帮助高级用户实现升级。虽然在某些情况下，此类工具呈现平稳状态，但还是存在缺少某些功能的边缘情况。此时，你通常需要像Python这样的脚本语言。多数情况下，典型的公民数据科学家都是传统分析软件的高级用户，会使用脚本来填补功能上的空白。

公民数据科学家可能会建立数据库、编写能清理和重新格式化数据的脚本，使简单流程自动化，还会使用编程技能为"正常操作方式"助力。一旦出现更高级的数学或计算问题，公民数据科学家便成为内部资源。他们通常不会建立复杂的软件框架（就可扩展性、容错性等方面而言），不会使用深度学习等高级技术，也不会编写任何生产代码。

如果以下情况属实，那么我建议你聘请公民数据科学家，而不是领域专家：

- 你需要使用数据科学知识，才能从离线数据中提取出人们易于理解的结论；

- 不需要编写生产软件；

- 需要具备大量的专业知识才能理解你的数据；

● 你不明白为什么需要深度学习和贝叶斯建模等进阶
  科目。

普通员工要想成为公民数据科学家，方法多种多样。说实话，我认为并不像人们通常想的那么难。许多书籍和培训课程都探讨了这一主题，你还能零星学习一些其他技能。

随着更强大的软件工具的出现，人们很少使用软件工程，高级分析变得越来越容易。特定行业或垂直行业的特定软件包尤其如此，可以将高级技术融入某些特定功能中，并对其进行预先调整，无须深入了解，便能使用高级技术。某些产品能实现数据管理，包括早期收集的数据以及呈现分析结果的数据，减少对清理或重新格式化数据的需求，编写脚本通常就是为了应对这种需求，同时降低了高级分析的进入壁垒，但也鼓励人们提出越来越复杂的问题，这些问题需要依赖代码才能解决。

2.3.3　更难的选择：专业的数据科学家

如果你想设计复杂的预测模型，将基于数据的逻辑嵌入生产代码中或者使用深度学习等高级技术，那么你需要的可能是一位专业的数据科学家。在本节其余部分中，我会重点介绍数据科学家需要的特定技能及其评估方法。但是，首先我想宽泛地讨论一下到底需要哪些背景知识。

优秀的数据科学家通常具有强大的STEM背景，由于具备STEM专业知识，他们能够理解高级技能涉及的数学知识（确实拥有这种能力！）。虽然这个概念基础是必要的，但还不够，举例来说，物理学博士对机器学习或统计学可能几乎一无所知。理想的候选人应该具有可靠的STEM背景，还拥有数据科学家的技能。数据科学家的技能包括大量数据分析经验和数据科学资质，甚至可以自学成才。技能并不复杂，但是除非专门去学习，否则很少有人能全部掌握这些技能。

2.3.4　编程、算法思维 [①] 和代码质量

我会在第2.3.5节列出一份招聘数据科学家时的注意事项清单，其中一项值得特别讨论：编程。毫无疑问，编程是数据科学家最重要的技能，是工作流程中每个阶段的重要组成部分。即便新手数据科学家不懂数学，或是对自己所从事的领域一无所知，在努力填补知识空白的同时，仍然可以完成一些有用的工作。但是如果数据科学家不会编程，那就一事无成。

也许有点儿出人意料，但数据科学家的编程技能往往差得惊人。软件工程师也是一样的情况，这也是招聘过程中众

---

① 算法思维是指将一个简单的工作流程分解为几个可编程到计算机中的基本步骤的能力。

所周知的难题，很多人拥有令人印象深刻的STEM证书，但编程能力却堪忧。聘请这些人可能会让企业损失惨重。最好的情况是，他们什么都没完成，只会夸夸其谈，提出很多建议，但是，完成的所有工作都没法让人真正放心。最坏的情况是问题明明非常简单，他们提出的解决方案却过于复杂，还要求能力更强的程序员重新编写代码，或者竭尽全力去迁就自己的错误。

在我的咨询生涯中，我曾多次在项目后期加入数据科学团队，在截止日期临近时挽救濒临失败的项目，这种经历让我能更好地审视事情究竟是如何出错的。我从未见过一个数据科学项目由于缺乏复杂的数学运算而失败，但我见过许多项目因初级编程错误而失败。有几件事让我印象深刻：

- 有一位数据科学家是专门研究经济学和机器学习的大学教授，他在我加入团队之前就已经离开了公司。我们很快就发现，他编写的一个关键脚本有一个错误，于是我不得不深入研究他的代码。令我惊讶的是，我发现他的所有参数基本都是硬编码，因此几乎无法修改脚本。如果任何约束条件发生了变化，那么该项目就会受损。他的代码中深度嵌入了多套重复指令，而且并未将其分解成逻辑函数。他的代码错误是：在同一个地方，从视觉上无法区分五个缩进标签与六个缩进标签。

● 团队中有一位物理学博士，他在截止日期前需要完成很多工作，我不得不完成他之前研究的一个子问题。在他的代码中，所有变量或函数名称都没有明确的含义，因此根本无法理清其逻辑流程。他向我解释了其中的逻辑，我一夜未睡，将内容全部重写。我的版本长度大约是他的版本长度的十分之一，这就说明，他的代码结构和命名规范都十分晦涩难懂。后来，我发现他根本没有通过面试中的编程环节，他是因为学历才被录用的。

对数据科学工作来说，能够理解复杂的数学知识和概念是很重要的，但这还不够，编程能力也必须过关。

基本编程技能的特点是它是相对二进制的，因此采用非常简单的检验办法便可以将大多数非编程人员排除在招聘过程之外。在面试任何类型的编程人员（包括数据科学家）时，常见的考核方法就是"FizzBuzz"问题，这是一个非常简单的编码问题，合格的程序员几秒钟就能解决。典型的FizzBuzz问题①如下：

———————————

① 这是几个极其简单的编程问题，可用作试金石，测试某人是否具备最基本的编程能力。

用任何一种语言编写一个计算机程序，循环数字1到100，并将数字打印出来。如果某个数字能被3整除，则打印"fizz"，而不是该数字；如果某个数字能被5整除，则打印"buzz"；如果同时能被3和5整除，则打印"fizz-buzz"。

一个合格的编程人员只需要几秒钟的时间就能解决这个问题，但是很大一部分应聘者耗时很久，还无法给出一个好的解决方案。我一直提倡一件事，那就是即使是非常高级的工作，也该给应聘者提供一个简单的编程挑战（尽管可能没那么简单！），我个人很喜欢接受这样的挑战。

我认为，核心问题是"算法思维"，也就是完成一项你知道操作方式的任务并将其转换为具体步骤的能力。这些步骤不需要涉及复杂的数学知识，比如FizzBuzz问题，但你需要足够了解这些步骤，才能以代码的方式对步骤进行说明。理解什么是FizzBuzz问题并能够自己写下正确的结果是一回事；将步骤写得足够清楚，让计算机可以在不理解它的情况下完成任务是另一回事。

这里涉及一个相关的问题："代码质量"，即最佳编码操作集合，以一种有组织的、可扩展的、可调试的且其他程序员可以理解的方式来编写代码。算法思维通常是保证良好代码质量的先决条件，但这还不够。如果你因为编码质量差受到责备（通常是需要使用你代码的其他开发人员给出了负面反馈），或者因为必须使用别人的差代码而倍感痛苦，之后进行了练习，你也许就能学会编写优质代码。

算法思维和高质量代码之间存在良性循环。如果你很了解某个算法，那么你第一次便能清晰而简洁地编写各个步骤的代码，而不是对部分答案进行操作，直到合格为止。如果你正在使用的代码编写得很清楚，那么你就能将所有注意力都集中在逻辑流程上，不需要一直努力弄清楚某个变量的含义或采取某个步骤的原因。关于算法思维的起源尚且存在争议。有些人的算法思维似乎是与生俱来的，而另一些人即便获得了STEM学位，也依旧无法熟练地运用算法思维。我的经验是，即使你没有算法思维的天赋，但你一直在练习将代码质量与实践相结合，也足以完成数据科学工作。

数据科学家使用的一般是相对较小的代码库，因此他们的代码质量标准不如软件工程师高。尽管如此，仍然存在一个重要的障碍：代码质量的低级失误通常是造成数据科学灾难的根本原因。

评估某人编码能力的最好方法是为他安排一个实操技术面试，或是回顾其之前的技术工作。这些都会成为自行编写代码的记录，出现在简历中，尤其是在团队工作的情况下。学历证书本身并不是编码技能的可靠指标，课程是为了教授特定学科，而且项目的持续时间通常很短，因此学生的代码质量即便很差，也能蒙混过关。

2.3.5　招聘注意事项

本节说明了在招聘数据科学家时需要注意的关键要求，还列出了一些特定的标准，可用于检查应聘者是否满足这些要求。一般来说，只要满足了任何一个标准，就能保证数据科学家应聘者是满足要求的。

- 扎实的基本编码技能；
- 在正规编码面试中表现优异，在我看来，这是真正的黄金标准，就个人而言，我从不聘请没有编程技能的数据科学家，无论他们的资历如何；
- 曾就职于知名公司，担任软件工程师，全职工作或多次实习均可；
- 对开源软件项目做出过重大贡献；
- 机器学习的基础知识；
- 拥有机器学习的学术背景，即使只修过一门课。对于入门级数据科学家来说，并没有大量的实际材料需要学习，掌握简单的模型通常就足够了；
- 曾接受数据科学训练；
- 喜欢数学；

- 拥有工程学、计算机科学或任意硬科学[①]学科的学位。许多科目并不会讲授数据科学家通常使用的数学知识，但会培养学生树立流畅的定量思维；

- 曾在其他学科（例如，生物学或社会学等）领域中处理大量统计数据，能够详细说明自己使用的技术以及这些技术为何具有相关性；

- 喜欢简单的方法；

- 能够证明一些涉及非常简单的分析方法的示例；

- 在处理建模问题时，应聘者能首先想到一个简单的方法，即使之后会因为其存在严重的弱点而将其摒弃；

- 具有处理真实数据的经验；

- 曾担任专业数据分析师；

- 曾担任数据工程师。

2.3.6　数据科学工作的薪酬

　　数据科学家的高薪众人皆知，一部分原因是技术技能类工作通常是高薪的，另一部分原因是这份工作对数学技能另有要求。严谨的数学技能和强大的编程能力是一种罕见的组合。薪水因地区、城市和行业而异，但一般而言，截至本书

[①]　硬科学：硬科学是自然科学与技术科学交叉的统称，研究内容包括数学、物理学、化学等。——编者注

撰写之时，初级数据科学家的年薪约为8万美元。

俗话说得好，一分价钱一分货，所以我并不建议你以远低于市场价的价格去聘请那些自封的数据科学家。回想一下，数据科学家的工作与企业组织的诸多部门都相关，而对其技能的监督力度却那么小，鉴于此，一旦招错人，带来的影响尤其具有破坏性。

如果你觉得专业数据科学家的薪水太高了，那你可以考虑聘请公民数据科学家。

2.3.7　招错人和危险信号

在本节中，我想重点介绍一下避免招聘的几类数据科学家以及如何在招聘过程中找出这类人。这类群体绝不是相互排斥的，但是代表了几个危险的趋势：

● 数学家

许多数据科学家都觉得有必要使用很多数学工具来解决简单的问题。这就是问题，因为这些技术经常会产生一些难以解释的结果，它们依赖于错误的理想化假设，人们很容易把时间浪费在一个完全错误方法的不同变形。简单的技术很容易理解，也容易判断，很快就会出结果（或很快失败）。此外，很明显的是，数学家一般不具备编程等更基本的技能。数学家可能存在的问题包括：

- 使用太多专业术语；

- 难以用简单的术语去解释问题；

- 本能地想优先使用复杂工具；

- 专业学者。

有的人并不适合处理真实情况。长期以来，学者们都习惯绞尽脑汁地思考一些明确制定的问题，提供缜密的解决方案。一旦理想化的假设被推翻，或是无法清楚地解释运算步骤，或是在细节得到完善之前便不得不处理下一步，学者们都会感到惴惴不安。归根结底，数据科学工作的重点不是各种定理或无懈可击的真理，而是合适的商业决策（即使商业决策是由计算机做出的）。粗制滥造和粗心大意之间的界限很微妙，但是大致的答案通常就足够了。学者们会以非常严格的方式提出可解决的问题，而不是努力完成当前问题，然后开始下一个迭代。学者们可能存在的问题包括：

- 他们唯一使用过的数据集是经过充分研究的学术数据集；

- 他们只在学术环境中工作过，或者在政府和行业中担任以研究为重点的角色；

- 他们并不考虑为什么需要解决问题。务实的数据科学家应能解释清楚解决问题如何能为企业增加价值，为什么更简单的方法不够好；

- 他们了解不同的分析方法及其优缺点，但对数据病态或代码质量等问题知之甚少；

- 自吹自擂者。

简而言之，有一部分数据科学家十分自大，认为自己比其他人都聪明。我不确定这类人是一开始就被这个行业所吸引？还是被数据科学的"高速缓存"冲昏了头脑？但是，根据我的经验，他们的能力实际上都达不到平均水平。这类人会利用数据科学家的身份暗含的权威，将他们的决定强加给其他人，坚持要求他人按照自己的喜好来完成工作。鉴于他们的知识广度（或者是智慧），其他员工很难与他们争论，因为他们可以用各种学科的行话来回击。如果企业管理者没有足够的专业知识，有时就会被这些数据科学家的才华所欺骗，给他们的突发奇想赋予超大的权力。由于数据科学涉及的领域不同且数量众多，所以对企业来说，这种情况绝对是有害的。自吹自擂者可能存在的问题包括：

- 他们不愿意坦率地承认自己的知识和经验的局限性。数据科学这门学科太过宽泛，任何人都无法成为所有领域的专家；

- 他们喜欢提及他们正在解决的问题是如何棘手。之所以这样做，可能是为了让他们的工作听起来更令人印象深刻，也可能是为了解释为什么他们没有取得更多进展。请注意，指出他们的问题需要大量跑腿工作（比如边缘情况和子问题），通常还不属于危险信号；

- 他们还会说，相比之下，其他人正在解决的问题似乎都很容易。

2.3.8 关于聘请数据科学顾问的建议

除了聘请属于你自己的数据科学家，另一个常见的选择是聘请他们提供咨询服务。这种方法的优点包括：

- 如果你只是偶尔有数据科学工作的需要，那么你只需要在这种情况下支付数据科学家的薪水，这类情况常见于中小型组织；

- 数据科学家可以提供帮助，把一些现有员工培训成为公民数据科学家。根据我的经验，这点通常很容易实现，你可以选择让数据科学家与你的员工进行结对编程；

- 如果需要一些更高级的数据科学工具才能解决你的问题，但你无法完全证明聘请全职人员是合理的，那么顾问便是显而易见的选择。

最大的弊端是，只有员工对自己的领域了如指掌时，数据科学才能让企业受益匪浅。但短期合作人员是无法实现这一点的，如果他们同时为多个不同行业的客户提供咨询，那这种情况尤为明显。

数据科学咨询服务是一个很有趣的行业。许多公司都提供专门的数据科学咨询服务，但大多数咨询服务都是以项目为背景完成的。许多软件公司会提供一定程度的数据科学咨询服务，尤其是提供云计算服务或分析产品的公司，会帮助客户最有效地使用他们的主要产品。早期的公司通常会广泛使用咨询服务作为权宜之计，以支付账单、发展客户群，让主要产品达到适用标准。

如果你选择聘请数据科学顾问，那么可以参考以下建议，让你获得的服务发挥其最大作用：

● 确保你的问题只有数据科学家的专业知识才能解决，如果你的主要目标是让分析工作变得井井有条，而不是解决具体的棘手问题，那么聘请数据工程顾问的效果可能更好。可能出现的情况就是需要完成的工作包括整理数据、记录数据的全部含义、让整个组织都可以访问数据。这份工作更适合工程师，请记住，若有需要，优秀的数据工程师自己也可以完成简单的分析工作。

● 在企业内寻找一些了解可用数据的员工，让他们联系顾问，他们需要明确了解协助开展数据科学工作的重要性。他们之间的高效沟通能让顾问快速了解数据情况及其特性，从而快速理解结论，并提出不同的方法。通常情况下，具体问题会通过各个项目经理进行转达。目的是管理消息传递的过程，但经常会演变成一场嘈杂的通话，直接联系专业人员可以节省大量时间。

- 如果顾问并不熟悉你的专业领域，则建议至少安排一次与专家的会面，讨论可能出现的各种相关模式。在我的职业生涯中，最富有成果的讨论都得益于专家的语言描述，就此，我会想办法用数学来进行量化。

- 如果要将数据科学顾问提供的代码嵌入你的生产系统中，那么请尽快敲定具体的集成细节。在理想情况下，应包括以下细节：

（1）提供输入和输出数据的示例，这些示例的格式将在生产中投入使用，应保证该格式对每个人的代码都是有效的，才能确保文件的真实性。如果示例的格式依赖文字描述（甚至是电子邮件或合同中的书面描述），基本上会出现不一致的现象，也许是类似大小写、拼写错误的简单错误，也许是无法获得必要信息等重要事宜。

（2）了解可用的软件选项。数据科学家会使用有些令人费解的数据库来开发解决方案，这些数据库通常无法安装在生产机器上。有时可交付成果需要使用特定语言，例如 Scala 或 C++。一定要关注哪些软件版本是可接受的，例如，Python 2 和 Python 3 不能实现向后兼容。

（3）描述软件的运行方式以及软件的限制条件。有时，生产系统的计算资源是有限的，或正在运行的操作系统并不兼容。

我通常还会进一步提出建议，让数据科学家向你的工程师们提供初步的可交付成果，哪怕成果效果欠佳，但输入和输出的格式必须满足生产需求。将模型集成到生产中时，总会遇到问题，可能的问题包括琐碎的数据格式问题乃至灾难性情况，可能会导致项目发生延迟或脱轨。当然，细节并非一成不变，但你还是得避免在最后一刻发生意外，可采取的措施包括尽早集成端到端系统、在规格发生变化时安排重新测试。

2.4 管理失败案例

最后，在本章中，我想讨论一下数据科学家管理过程中的一些常见失败案例。数据科学家的聘用成本很高，因此，既要让企业的支出获得最大的回报，又要留住人才。失败案例分为两大类：提供给数据科学家的问题是无法合理解决的；无法利用数据科学家的特殊技能来解决问题。在数据科学家的工作中，这两种情况属于正常情况的夸张版本，因此，很重要的一点就是监控事态的发展，确保其不会失控。

2.4.1　将数据科学家当作软件开发人员

在商业领域，很常见的一种情况是：目前暂时没有急需解决的数据分析问题，但是迫切需要能够编写高质量代码的人员。在这种情况下，数据科学家通常会临时担任软件工程师的角色，完全可以由全职开发人员嵌入整个代码库的模块。尤其在小型企业中，考虑到员工的技能和需要完成的工作，这种人力资源利用方式是最务实的。我认为，在一定程度上，这种方式对数据科学家来说也是合理的，能帮助他们把专业技能维持在较好的水平。

但是，这种情况应该是暂时的，紧急情况结束之后，数据科学家应该回到原本的数据分析岗位。在担任软件开发人员时，数据科学家的工作效率通常比全职工程师低（除非他们在生产代码库工作上全力以赴，不过不太可能），但要求的薪水却更高。这可能会削弱软件开发人员的士气，也增加了出现人事变动的可能性。如果你认为你未来可能不会遇到问题，那你可以考虑聘请数据科学顾问，或者聘请十分愿意担任多种工作角色的人员。

2.4.2　数据不足

数据科学家需要有数据才能完成工作。数据中应包含信息，数据科学家需要有足够的信息才能解决手头的问题，还要对数据的含义有所了解。一个重要的问题就是："数据科学家能用这些数据解决问题吗？"

就我的经验而言，最常见的问题就是人们并不理解数据，而数据科学家只能猜测数据的含义。数据科学家花时间猜测不同字段的含义，找出数据中的反常情况，猜测如何适应这些反常情况，测试这些猜测是否符合要求。在某些情况下，猜测是不可避免的，但这样的话，数据科学家的技能就未得到充分利用，工作内容令人不快，通常还会导致数据分析质量较差。

然而，我们对数据质量的期望值可能也太高了。例如，我曾遇过这样一种情况，早期数据的格式与后期数据的格式不同，那位数据科学家抱怨编写转换脚本浪费了他宝贵的时间。他建议，实验室技术人员应该重新获取所有第一轮数据（这个项目的背景是工程研究）！如果团队中有数据工程师，那么重新格式化数据的任务通常会落到数据工程师身上，但下一个就是数据科学家。所谓优秀的指导原则，就是数据的含义和格式应易于理解。但是，如果数据科学家将数据的意思表达得足够清楚，那么任何格式都能处理的了。

2.4.3 将数据科学家当作图形处理人员

呈现数据分析结果的可视化方式包括图表和仪表盘，这是数据科学家工作的一部分。在许多情况下，在重要的演示会上，这些方式不仅信息丰富，看起来还很不错。

但存在一个缺陷，仅是为了美观，便要求数据科学家耗费大量时间去处理图表和可视化工具，一点儿也不划算，在这种工作面前，他们的专业技能毫无用武之处。此外，有的软件产品（例如Tableau）能设计出最漂亮的图形，但它们通常不是数据科学家会使用的工具，因为这些产品不支持复杂的分析工作。

设计美观的可视化形象和仪表盘的任务自然落在了商业智能分析师身上。与数据科学家相比，分析师很可能更擅长仪表盘的用户界面，以这样的方式来整理图表，企业利益相关者可以轻松找到他们需要的信息。

2.4.4 模糊不清的问题

数据科学家的核心工作职能是提出商业问题，给出定量解答，对建模细节做出合理的主观判断。首先，确定最重要的问题并不是数据科学家的工作，尽管他们也可以（像任何员工一样）就此发表意见。

这和软件工作有相似之处。软件开发人员的主要工作是准确描述软件的功能（例如网站线框图），将其转化为工作代码，对操作方式做出合理的判断。要想弄清楚软件的实际功能，这个过程涉及许多人（设计师、营销人员等），通常由企业人员做出最终判断。如果你要求一位软件工程师"做一些很酷的产品"，尤其是那些刚开启职业生涯的工程师或是不了解你所在行业的工程师，如果他们做出的软件没用，那是你的错。同样，企业人员的工作是了解企业需求，这样才能帮助数据科学家提出正确的问题。

经验法则是你应该能用自己的语言清楚地提出数据科学问题，数据科学家的工作就是让问题拥有数学精度并给出答案。数据科学家真正需要深入研究的问题应该是"哪些消费者人口统计特征能让我们的人均收入达到最高？"而不是"人们在我们的网站上做什么？"。

2.4.5　详细问题清单缺乏优先等级

这种失败情况与上一种情况有异曲同工之处：了解什么是商业价值、什么不是商业价值是管理层的工作，而不是数据科学家的工作（尽管像任何员工一样，数据科学家当然也可以凭借常识参与讨论）。

数据科学家有时会面临一个问题：他们必须调查一长串没有列出优先级的问题。之所以能出现这种问题，通常是因为某个人（通常是一群人）对自己好奇的事情展开头脑风暴，而没有考虑到一个事实——每个问题都需要投入大量工作才能得到合适的答案。此类问题能为提问者提供一些心理安慰，但对于数据科学家来说，他们面临的是堆积如山的工作。

3

第 3 章

处理现代数据

　　这一章探讨的是现代数据科学的核心——数据本身。本章内容具体包括数据生成方式、数据格式以及数据存储和处理方式。这些内容对你提出的问题施加了严格的约束条件，使得某些分析比其他分析更加实用。如果商业观点指出了哪些问题是重要的，那你将在本章得到这些问题的答案。

　　我曾经相信一个谬论：数据唯一重要的事情就是信息内容。这就是重点，不是吗？但是，如果你要处理的是大规模数据集、面向用户的应用程序的低延迟要求，或者是捕捉人类行为费解之处的灵活性，那么你会另有所获，数据整理方式和数据访问方式和实际信息内容同等重要。

　　首先，本章将对现代世界中的数据收集方式进行综合讨论，特别是推动数据科学发展的一些最新进展。除了数据，我还会加入一些数据描述的真实情况。我还会讨论如何存储和处理各种类型的数据。这部分只会进行简单说明，技术细节和具体专业知识将放在后续章节中，我会重点说明商业应用及其可能需要的一般技术类别。

3.1 非结构化数据[①]和被动收集

分析师或数学家过去使用的数据与今天的数据有很大不同。首先，过去的数据是结构化的。"结构化"是一个令人费解的术语，指的是数据被排列成一行行、一列列的表格（我更喜欢"表格式"这个术语）。数据块本身可以是数字、日期或原始文本（偶尔会更复杂），但关键是它们会以表格的方式进行排列。因此，电子表格通常属于结构化数据[②]，但图像文件或Word文档并不属于结构化数据。

结构化数据适用于各种类型的数学分析。例如，你可以取一列数字的平均值，或计算一列原始文本中不同条目的数量。这样一来，在任何结构化数据集上，都可使用相对较少的基本操作和概念来表达范围广泛的商情分析。许多软件包（尤其是关系数据库）都能让这些操作变得简单高效，因此，结构化数据是商业分析的传统通用语言。

数据科学家（同每个人一样）更喜欢结构化数据，因为这类数据更容易处理。但是，数据科学家也不得不处理各种

---

① 非结构化数据是指缺乏固定结构的数据，例如JSON Blob、XML对象、图像文件、自由格式文本文档以及大多数其他文件格式。

② 结构化数据是指排列成行和列的数据，就像你在CSV文件或关系数据库中看到的数据一样。

各样其他格式的大量非结构化数据，原因有两个。

首先，得益于软件领域的发展，我们能够分析大型数据集，从本质上看，很多最有趣的数据集（如互联网上所有网页的集合）都是非结构化的。

其次，数据科学家处理大量非结构化数据不是为了处理数据，而是收集数据。在过去，大多数结构化数据集都是在考虑某些特定应用程序的情况下产成的，对这些数据集进行组织，便可轻松对预期分析进行思考和操作。你可以把这种情况视为对数据分析工作进行预先加载；如果你明确知道你需要哪些表以及这些表应包含哪些列，那么你的下游分析将容易得多。实际上，数据集是精简过的，只包含可能相关的事物。

近年来，即便没有特定的分析工作，被动收集大量数据集也已经变得容易很多。你可以记录每个用户在某一网站上点击的所有内容以及他们点击的时间。你还能收集计算机生成的所有原始日志文件，为计算机正在处理的所有内容创建一个意识流。目标不是为了让任何特定分析工作变得更容易执行，而是让所有能想到的分析都成为可能。一般来说，这就意味着，要采取一切措施收集数据，再以类似的方式存储数据。假设你计划稍后进行特定分析，你可以编写代码，只将这些原始数据转换为相关数据，再整理成适合你的问题的表格。

3.2 数据类型和来源

对于数据集正在研究的商业问题来说，每个数据集都是独一无二的。但是，有几类数据（不是相互排斥的）特别值得讨论。数据很常见，数据变体也在许多地方出现，但每类数据都需要经过一定程度的专门处理：

● 用户遥测数据[①]

我在上一节中介绍了一个用户遥测数据的例子：记录某用户在某网站上的每一次点击及其点击的内容。人们正在其他地方做某事，而我们能被动收集有关记录。通常情况下，用户遥测数据是由事件日志组成的。每条数据都说明了时间戳、事件类型（可能是用户采取的行动或用户的测量值，例如他们的心率）、执行者以及该事件类型特有的任何其他信息。

● 传感器测量

随着物联网越来越普遍，物理传感器收集的数据越来越

[①] 遥测数据是指跟踪用户操作的数据，通常是一组带有时间戳的事件，用于记录与应用程序或网页交互相关的操作。

多，包括温度、系统的电气特性以及心率等生物特征。一般这些数据是以时间序列的形式表示的，以规则（或不规则）的时间间隔一遍又一遍地进行相同的测量。我认为，这类物理传感器是数据科学的新前沿，因为它们需要的信号处理技术目前尚未广泛投入使用。

● 自然语言

这类文件代表的是另一种依赖高度专业化技术的数据，人类语言的模棱两可是众所周知的。

3.3　数据格式

数据通常（或可能）以文件的形式存储于计算机上。除了在概念层面上理解数据内容之外，在本质层面上理解文件形式也很重要。如果你亲自从事数据科学工作，那么你会格外关心文件格式的细节。

我的目的不是描述所有可能的文件格式。文件格式有很多种，从商业角度来看，文件格式的细节一般并不重要。重要的是，你应该清楚格式选择过程所涉及的利弊权衡以及哪些格式适用于哪些应用。鉴于此，我首先会介绍三种最重要的典型数据格式：CSV、JSON和XML/HTML。这些格式都易于理解、灵活可变，在信息技术和数据科学的所有领域中随处可见。

3.3.1　CSV 文件[①]

CSV文件是数据分析的主力，是结构化数据的原型格式。"CSV"一般是指"逗号分隔值"，但实际上应该是"字符分隔值"，因为除了逗号以外，还会使用字符。

这个概念其实很好理解。回想一下，结构化数据集的数据是按行和列排列的。CSV文件是纯文本文件，表中的每一行都有一行文本资料，一行指定文本中的几列由逗号（或其他字符）分隔。以下细节值得注意：

- 可能包含（也可能不包含）作为标题行的数据列的名称。

- 如果数据列是文本，且该文本包含逗号，那么一行指定文本内的不同几列的开始或结束位置会变得不明确。要解决这个问题，一般在包含逗号的文本周围加上引号，例如：

  菲尔德，卡迪，"人人都读得懂的数据科学，摘要"

- 通常情况下，文件不会明确说明各列的数据类型（整

[①]　CSV文件是一种基于文本的"逗号分隔值"文件，将数据存储在各行各列中。

数、文本、日期等）。有的读取CSV的软件包会自动
对数据类型作出最佳猜测，而有的则不会。

关系数据库中的表格基本都是以特定方式加载到内存
中的CSV文件。同样，许多数据分析软件包会提供"数据
帧"，这些对象实际上只是CSV文件，它们加载到内存中的
方式视加载软件而不同。

除了操作简单之外，CSV文件的一个主要优点是让数学
分析的计算过程变得更容易。举例来说，如果数据帧的一列
都是整数，那么便可将其作为密集的数值阵列存储在RAM
中，而且算术运算的速度快得惊人。

3.3.2　JSON 文件

CSV格式的限制很多。文件中的每一行都拥有相同数量
的列，各列必须是同一类型（例如，大多数软件不允许在
应该包含日期的列中使用十进制数），不存在层次结构的概
念。如果你通过推理得知需要收集哪些数据，那么这种格式
会很有效，其优势在于能在软件中实现各种高效的数学运
算。但是，在许多实际应用程序中，我们需要采用一种更灵
活的格式来存储数据，JSON便能满足这一需求。

JSON可能是我最喜欢的一种数据格式，因为它非常简
单灵活。与CSV不同，JSON支持数据嵌套、混合和匹配类

型，还可以根据情况添加或删除数据。说明JSON的最佳方式就是展示某一特定JSON对象的实例：

```
{
  "firstName" : "John",
  "lastName" : "Smith",
  "isAlive" : true,
  "age" : 25,
  "address" : {
    "streetAddress" : "21 2nd Street",
    "city" : "New York",
    "state" : "NY"
  },
  "children" : ["alice", "joe",
  {"name" : "alice", "birth_order" : 2}]
}
```

将最高级别的对象用花括号{}括起来，构成一个"blob"[①]。blob将不同的字符串（如"firstName"和"last-Name"）映射到其他JSON对象。我们可以看到，名字和姓氏是字符串，年龄是数字，人是否活着是布尔值。地址是另

---

① blob是一种能将字符串映射到数据片段的JSON数据结构（可以是数字字符串、列表或其他blob）。

一个JSON blob，将字符串映射到字符串。"children"字段是一个有序列表。该列表中的前两个元素是字符串，但最后一个元素是另一个blob。

为了让表达变得更正式，我们认为每个JSON对象符合以下情况：

- 原子类型，例如数字、字符串或布尔值。"null"也是一段有效的JSON。
- 花括号中的blob将字符串映射到其他JSON对象。字符串或对象映射用逗号分隔，它们的顺序没有意义。
- 将JSON数据结构的有序列表用[ ]括起来。

在前面的示例中，为了便于阅读，我将一个blob拆分为多行，但我同样可以将它全放在一个长行中，它们都是有效的JSON。

如果你有一个JSON blob集合，包含的字段都相同，且不进行任何嵌套操作，那么你可以将这些字段视为各列的名称，也可以将所有内容存储在CSV文件中。事实上，在许多软件工具中，只需一行代码，便能在CSV样式的数据框和JSON blob列表之间来回切换。CSV文件的优点是更小（因为数据列名称只在文件顶部出现一次，而不是在每个blob中重复说明），更容易在内存中处理。JSON的优势是灵活性，一般来说，不同blob的附加字段可能并不相关，而且它们可以进行嵌套。

与CSV相比，JSON的列表包含能力特别值得一提，因为它对列表大小并没有限制。在前面的示例中，我们很容易便能让John Smith拥有任意数量的孩子。如果我们想用CSV来表示这些数据，那么我们需要两个单独的文件，一个给父母，一个给子女，如下所示：

父母	
名	姓
John	Smith

子女	
名	姓
Alice	John Smith
Joe	John Smith

这类示例能立即让我们了解一些关系数据库的高级概念，例如外键。一个JSON blob的字段是一个列表，这就容易得多。

比起CSV，JSON的最大优势也许在于支持添加和删除不同的字段，只有对特定字段进行操作时才会导致软件出现问题。如果你的数据和前面的示例有相似之处，突然开始在生成数据的过程添加额外的字段，说明一个人的头发是什么颜色，那么没有代码会出问题，因为这类代码根本不会使用该字段。这种灵活性说明了一点：如果要在几个计算机进程之间来回传递消息，那么JSON就是最标准的格式。

3.3.3 XML 和 HTML

作为网络的通用语言，HTML会抓取网站文本以及所有做出明确说明的元数据（例如斜体、不同颜色背景、嵌入图像等）。一个网络浏览器的主要功能是获取HTML文件（最终只是文本），并将其以网页形式进行呈现。HTML是XML的一种特殊情况，它们都被称为"标记语言"。

如果你明确知道每条记录中的数据字段是什么情况，那么CSV格式就很有用。在技术方面，JSON十分灵活，但在JSON适用的实际情况下，在90%的时候，你都清楚数据对象结构之后会变成什么样子。在JSON中，没有关于特定blob的元数据的概念（blob中有一个名为"元数据"的字段，你可以使用它来进行应急操作，但没人会这样做）。在设计标记语言时，专门针对的情况是数据是真正自由格式，不要求各个记录之间保持一致，元数据可能会对记录进行修饰。

XML（特别是HTML）的一个示例是：

这是网站文本示例。*<i>*这是斜体*</i>*和*<a href="http://www.google.com">*前往谷歌*</a>*。

文本被分解成拥有特殊属性的几个"元素"，例如斜

体。一个元素的开始和结束都由尖括号中的符号表示，如
和</a>，其中，"/"表示该元素即将结束。如果网络是
HTML格式，则"i"元素表示文本是斜体的，"a"元素表
示你单击文本便能点开链接。href="http:// www.google.com"
是为该元素分配"属性"的元数据。某一制定元素可以拥有
任意数量的属性（没有属性也可以）。与JSON一样，你可
以在XML中随意对各个元素进行深度嵌套，如：

　　*<i>之后的所有文本都是斜体，但<a href="http://www.
google.com">前往google</a>*。

　　但请注意，与JSON不同，XML并不存在顶层元素。实
际上，XML文件的主体可以只是普通文字，偶尔也会使用元
素进行标记，表示特殊格式，例如斜体。

　　通常，一个XML文件可以拥有任何类型的元素以及与之
相关的任何属性。但是大多数XML文件使用的都是某些特定
领域的XML语言，例如HTML，你能使用的元素类型集合很
有限，与每类元素相关的属性也是有限的。

　　XML文件的另一个示例是卡通图像使用的SVG文件格
式。SVG文件中的元素代表几何对象，例如圆形、线条以及
能组成完整图像的其他形状，它们的元数据提供了一些诸如
颜色的信息。

　　XML最初是一种通用的文件格式，能在网络上实现数据

交换，但对于简单的应用程序而言，XML已经失去了优势，被更简单的JSON所取代。

3.4 数据库

最简单的数据存储方法就是将数据以文件形式存储在计算机上，坦白说，我一般都会建议人们这样做，除非你有充分的理由需要使用其他系统（当然要在云中备份）。但这种方法往往效果不佳。在以下任何一种情况中，文件都可能无法使用：

- 一台机器无法容纳太多数据；
- 你无法承受由磁盘读取数据带来的性能损失；
- 为了寻找目标数据去筛选所有数据，你无法承受其带来的性能损失；
- 多个用户都需要访问这些数据；
- 你需要采取保护措施，即便随着时间的推移发生变化，确保数据仍保持一致。

在上述这些情况中，你必须使用数据库。也就是说，数据库几乎是任何大型产品或企业的核心。

你可以将数据库视为一种软件，它能轻松实现数据存储和操作，而这些数据原本是存储在原始文件中的。关系数据库基本上相当于CSV文件的集合，而文档数据库①则相当于JSON文件的集合，稍后我们会就此进一步展开讨论。一方面，CSV和JSON文件非常简单，很适合长期存储或应急应用程序。另一方面，数据库也是复杂的软件程序，可以加速数据访问，可扩展，还能满足大型企业的需求，但信息内容是一样的②。

典型的数据库是一种在大型服务器上运行的程序，容纳的数据比普通计算机更多，以快速访问的方式实现数据存储（通常涉及大量的底层优化工作，数据库用户对此一无所知），能随时处理来自其他计算机的字段请求，实现数据访问或修改。与原始文件相比，数据库的主要优势是性能，如果你运行的服务（如网页）对时间很敏感，则这一优势更为明显。数据库还能处理其他日常管理工作，例如保持多个数据副本同步，在不同存储媒体之间移动数据。

---

① 文档数据库是一种存储文档的数据库，通常包括JSON或XML。文档数据库比关系数据库更灵活，但数据处理速度通常较慢。——译者注

② 这种说法并不完全正确，许多数据库都包含能扩充核心数据的元数据。例如，通常情况下，在关系数据库中，一个表格中的一列数据可以包含各行的唯一ID，而且这些ID会映射到另一个表格中的类似列。——译者注

3.4.1　关系数据库和文档数据库

考虑到本书的目的，你应该了解两类主要数据库：关系数据库和文档数据库。

关系数据库将结构化数据存储在具有行和列的表格中。通过"查询"功能，你便能访问数据，"查询"说明了需要哪些数据以及可能需要的预处理或集合操作。在过去，最重要的关系数据库就是SQL，目前，几乎全部现有关系数据库都使用SQL的原始查询语言的变体。大多数数据库都是关系型的。如果你听到有人提及"数据库"，且前面没加限定词，那么基本上指的就是关系数据库。因此，这本书的大部分篇幅都会围绕关系数据库展开。

虽然关系数据库将成行的数据存储在表格中，但文档数据库通常将JSON对象（尽管在某些情况下会使用XML）存储在"集合"中。因此，就能存储的数据方面，文档数据库通要比关系数据库更为灵活，但是你要付出一定的代价，因为文档数据库实现复杂查询和数据集合的能力较差。在极端的情况下，一些文档数据库只支持基本的增删改查（CRUD）操作（即一次性创建、读取、更新和删除一个文档），且无法让数据库聚集多条记录。

文档数据库一般构成大型应用程序的后端，许多用户都可以访问。以简单的手机应用程序为例，你可以将某个用户的全部信息都存储在单个JSON blob中，包括任意大小的数据域，这些数据域提升了JSON的灵活性，在用户使用应用程序的过程中，其JSON blob的内容会发生变化（但只有它们的内容会变！）。典型的文档数据库是开源MongoDB和AWSDynamoDB服务。

3.4.2　数据库操作

数据库主要有两个功能。首先，数据库能以一种可扩展、可访问且可供多人使用的方式实现数据存储，该服务具有低延迟性的特点。其次，数据库支持数据处理和数据集合。关系数据库的数据处理能力尤其强大，但许多文档数据库也提供了大部分功能。数据库提供了一个折中的方案：不仅能完成数据库支持的各项操作，还能快速有效地完成操作，即便数据集非常大。

我将在与"SQL查询语言"相关的后续章节中展开详细介绍。但简而言之，几乎能在任何关系数据库中进行以下操作：

- 从表格中提取所有符合特定条件的行，例如大于65的"年龄"列。
- 查找某一列的最小值、最大值或平均值。这一操作通常称为"集合"列。

- 匹配两个不同表格中的对应行,这一操作称为"连接"。例如,一个表格包含员工的ID及其薪酬,另一个表格包含员工的ID及其姓名。我可以将这些组合成一个表格,列出员工的ID、姓名和薪酬。

- 按某列中的值对表格各行进行分组,分别计算每个组的集合值。这一操作通常称为"分组依据"。例如,假设我们有一张员工表,说明了员工的薪酬情况及其居住的州名。如果我们按州"分组",取每个组的平均薪酬,那么我们就能得到每个州的平均薪酬值。

- 最后,上述操作都可以嵌套,这就让数据库查询变得非常强大(可能有点儿难以理解!)。在单个查询操作中,你可以使用"分组依据"来计算每个州的员工的平均工资,然后将其与每个州的信息表相结合,便能看出员工工资是否与每个州的生活成本相关。

通过结合这些操作,你可以对某一数据集进行大量分析,许多数据科学家都是依靠复杂的数据库查询功能展开工作的。我之前曾讲过,"商业智能"是数据科学家的一个独立的工作角色,根据经验,借助关系数据库查询以及能将查询输出可视化的软件,便能完成所有的商业智能分析。

之所以设计数据库语言,是为了实现相对简单的数据操作，重点是通过一次性查询轻松回答简单问题。但是，数据库语言执行的这些操作非常复杂，很难马上记住。在工业环境中，你有时会看到数十行甚至数百行的查询结果，这些结果都是由数据库专家精心编写的。

仅依靠数据库查询，能完成的工作量已十分惊人，但也存在一些局限性。在关系数据库中，以下操作通常是不可能的：

- 训练或应用任何类型的机器学习模型；

- while循环：在这个过程中，重复某一操作直到满足某个标准。关系数据库执行的操作是由你编写的查询所决定的；无论在数据中发现了什么，这些操作（且只有这些操作）都会发生。

用理论计算机科学的语言来说，关系数据库的语言并不是"图灵完备的"。一般来说，计算机可以进行一些操作，但对于大多数关系数据库来说，原则上是不可能的[①]。

虽然存在这些不足之处，但你能轻松编写查询，在海量数据上飞速运行查询。关系数据库不可能做到的事情通常是

[①] 某些数据库（例如T-SQL）在技术上是图灵完备的。但是，之所以设计这些工具，主要是为了完成更正常的数据库操作，凭借其功能，数据库能够在漏洞中实现图灵完备。如果人们需要图灵完备语言的强大功能，那么通常会使用更传统的编程语言。

在下游完成的，但普通计算机是在数据库输出上运行的。

● 3.5　数据分析软件架构

　　我之前提到过，要开展数据科学工作，除非不得已，将文件存储在计算机上是最佳的方法。但在现实中，总有一个原因让你选择其他方法！本节将讨论其他几种常见情况，并说明你在什么情况下可以选择其他方法。这个列表还不够详尽，大多数大型分析系统都是高度定制的，包含所有方法的各个方面。

　　以下方法大致以复杂程度递增的顺序进行排列：（ⅰ）共享存储，（ⅱ）共享型关系数据库，（ⅲ）文档数据库+关系数据库，（ⅳ）存储和并行处理。具体的复杂程度视项目和企业而异。一般来说，我提倡使用最简单且合理的方法，本节将带你了解何时能升到下一个级别。

　　在本节中，我会频繁提及"云"的概念，我想就此作出简要说明。一般来说，云是指通过因特网访问的服务，例如，亚马逊网络服务（AWS）为许多基于云的分析服务提供了基础结构。在其他情况下，云是指公司拥有的物理服务器，可通过本地网络访问。本节内容适用于这两种情况。

3.5.1 共享存储

如果你对当代的工作环境很熟悉，那你一定不会对存储于云端的共享文档感到陌生，例如Google Docs和内部Wiki，都能让你轻松拥有文档的公共访问权。数据科学家有时会使用这些工具来存储数据，就是为了在需要时实现数据的复制和粘贴。举例来说，电子表格程序支持非技术专业人员访问数据，支持修改分析工作中使用的数据，可将共享文档功能用作主控副本。如果电子表格程序不支持数据科学家执行的分析，那么数据科学家能将数据导出至CSV文件中。

然而，除非你十分需要人性化的图形用户界面，否则数据科学家一般都是以编程的方式访问共享存储，典型示例如下：

- 工业云存储功能，例如亚马逊的S3或微软的Azure存储。这些功能可以很好地扩展到非常大的数据集，与公司提供的数据处理服务一起轻松搭配使用，而且价格合理（至少比数据处理服务要便宜得多）。
- 中小型数据集通常存储在文件中，这些文件可被纳入软件版本控制存储库中。对于数据集以及在数据集上运行的代码，数据科学家可以让二者使用相同的版本控制系统，这点的优势很大。

● 许多公司都有一个能存储内部文件的服务器。

3.5.2　共享型关系数据库

在共享型关系数据库中，存储着所有相关的数据，且通常有很多人访问。

这种情况经常出现在生产系统已将其数据存储在关系数据库中，因此，从事数据科学工作最合理的方法是从同一个关系数据库中提取数据。通常情况下，只使用关系数据库便能解决简单的问题。在其他情况下（可视化工具、机器学习等），可以使用关系数据库生成较小的数据集，仅提取当前分析所需的部分数据，也可能会进行一些预处理工作，然后再将小数据集输入其他软件包中。

关系数据库不是简单的共享存储，其核心功能是支持简单的临时分析：

● 查询的运行和编写速度都很快。从提出初始问题到获得数字答案，可能只需要几分钟（甚至几秒钟）。

● 这个简短的反馈循环意味着，我们可以尝试不同的提问方式，无须投入精力来规划更大规模的研究。

● 你可能提出的大部分简单问题都可以通过一个查询来解决。

通常来说，在执行相同计算操作的时候，只使用关系数据库的效果会好过其他方式。但是，如果你仔细设置表格，则优点会更明显。例如，你可以设置一个表格，在表内按日期对数据列进行排序，因此仅分析特定时间段的数据就变得非常快。关系数据库支持数据库专家嵌入优化设计，因此所有其他数据科学家（他们通常对如何利用关系数据库的性能一无所知）都可以享受到性能优势。

关系数据库涉及的计算开销相当大，某些数据库无法很好地扩展到非常大的数据集，因此，很常见的情况是，关系数据库中只有某些数据是可用的。举例来说，假设很少有分析工作真正需要回溯到更远的时期，关系数据库通常只能存储去年的数据。

3.5.3　文档数据库 + 分析型关系数据库

与共享型关系数据库一样，因为生产软件会使用文档数据库，所以数据科学家也经常使用文档数据库。在数据结构方面，文档数据库比关系数据库更为灵活，在许多情况下，文档数据库的基本增删改查操作①速度更快。速度快的代价就是，各项操作与数据集很大部分都相关，导致运行速度很慢。在许多文档数据库中，根本不可能完成一些重要的分析

---

① 这是数据存储系统提供的最基本的功能。你可以创建、读取、更新或删除单个数据记录，但不支持更高级的操作（例如聚合）。

操作。

在这些情况下，通常会创建一个关系数据库，与文档数据库并行存在，包含相同数据的压缩版本。一般来说，文档数据库中的每个文档都是关系数据库中单独的一行，而且这一行总结了更复杂文档的最重要方面。将关系数据库同步到文档数据库属于批处理操作，可以定期或根据需要运行。只要有可能，数据科学家便会对关系数据库进行分析，如果关系数据库没有对某些内容作出充分总结，偶尔会从文档数据库中提取特定数据。

3.5.4 存储 + 并行处理

数据库为基本操作提供了低延迟性以及扩展到大型（或特大型，取决于数据库情况）数据集的能力。但是，你有时需要在数据库中运行不切实际或不可能的计算、执行数据库不支持的操作，并在大型数据集上大规模运行。这就带我们走进了"大数据"领域，数据集分布在多台不同的计算机上，这些计算机一起协调合作，完成单个大型任务。

关于大数据，最重要的一点是，除非你是真的需要，否则就不要使用大数据。目前媒体对大数据大肆宣传，人们普遍认为大数据能够完成单台计算机无法完成的基本任务。事实上恰恰相反，一台计算机可以轻松完成许多重要操作，但是在完全并行化的系统中，要实现这点是很困难的或是不可能的。大数据系统仅有的优势就是规模和速度，可以对因太大而无法在单台计算机上容纳的数据集进行操作，通过开展计算机并行工作，还可以减少完成任务所花费的时间。随着个人计算机变得越来越强大，数据科学家也越来越不需要求助于大数据系统。

也就是说，对于经常运行大量数据计算的企业来说，集群计算是一种非常宝贵的工具。集群一般属于共享资源，具有合适的IT基础设施，可以安排不同人的工作，确保没有一个用户垄断资源。现代数据科学中，最受欢迎的并行处理选项是Spark，它在很大程度上取代了其前身Hadoop。我将在以后的章节中更详细地讨论这些技术。

值得注意的是，许多数据库和数据存储系统实际上是在计算机集群上运行的，尤其是亚马逊网络服务提供的基于云计算的系统。出于以下几个原因，我认为这类系统与大数据是不同的：

- 这类系统经过精心设计，用户不受与集群计算相关的多数正常问题的影响，与普通数据库一样"正常工作"。

- 像普通数据库一样，它们提供的功能性受到限制，借此实现了无缝性。像Spark这样的系统，灵活性更强，但代价就是不得不担心与集群发生冲突。

- 像普通数据库一样，它们通常使用类似SQL的查询语言。更常见的并行处理框架通常使用功能齐全的编程语言，如Python或Scala。

第 4 章

讲述故事和
总结数据

在我的职业生涯中，我从未见过哪个数据科学项目是因为使用的数学知识过于简单而失败的，但是，我见过很多项目因为使用的数学知识过于复杂而毁于一旦。本书的一个主题是，如果简单的技术能派上用场，那么就应该谨慎使用复杂的技术，本章讨论了一些最简单的技术：如绘制图表，并将数据集总结为几个数字。这类商业智能和统计学知识比数据科学出现得更早，但仍然是重要的分析工具。

在随后的几章中，我们将介绍预测型分析模型和人工智能系统。这些工具的优势在于，它们能在无须人工干预的情况下实现模式查找和识别，甚至做出决策。虽然这种能力是颠覆性的，但它还是无法替代人类的直觉和判断。

相比之下，本章中提及的技术旨在帮助人类理解，这些技术能对情况进行说明和量化，还能严格检测你的理解是否正确。在人工智能系统凭借技术实现自主决策之前，这些技术便已问世，我们不得不依赖传统的人类理解力。在现代数据科学中，现代技术占据了半壁江山。但在当今时代，传统分析技术也同样重要，事实更是如此，因为现代社会的数据变得更多。

本章主要包括两个部分。第一部分讲述了"描述性分析":如何实现数据量化和可视化浏览、寻找模式和作出假设。通过阅读这一部分内容,你可以了解各种图表、概要统计(平均值和中位数等)以及两个数字之间关系的研究方法。从本质上讲,通过描述性分析,你可以将原始数据转换成你能理解的描述性文字。第二部分涉及的数学知识更多,你可以进行选择性阅读,这部分介绍了一些统计学知识,让你学会如何严格测试描述性内容,另外还讨论了一些重要的概率分布、对这些分布的直观判断以及使用这些分布模拟的真实情况。

我会对以下内容作出大致说明:选择要度量的内容、可视化工具和异常值的重要性、实验在确定因果关系时起到的作用。

4.1 选择要度量的内容

大多数分析文献都侧重于数学知识,而忽略了分析工作中最关键的方面:你到底在度量什么。在某些情况下,你应该使用哪个度量指标是显而易见的,但在其他情况下,不管你想研究的真实情况是什么,你都必须准确定义其量化方式。一般来说，需要做出大量的主观判断，才能将特征提取出来。

有一种趋势很明显，那就是不管你提出使用哪一种指标，人们的担忧都会层出不穷（通常都是合理担忧！），这种情况在团体环境中更为明显。这并不是说度量指标有严重的问题，而是说某些极端的情况并未完全得到解决，也有可能是有人想引入容差系数，这可能会迅速演变为"委员会式的度量指标"的情况：你的研究内容太过复杂，谁都没法完全看懂。

举例来说，假设你正在测算一个网站有多少名用户，是否应该忽略那些在网站上逗留时间较短的人？时间界限在哪里？因为第一次访问网站的人可能只是在尝试，那么是否应该只计算回头客呢？是否应该只查看与网站进行"重要互动"的用户呢？那会是什么情况呢？因为你想衡量人们从网站获得的价值，而不仅是研究人，是否应该以某种方式重复计算高级用户？这些问题并非没有意义，但是，如果用单一的度量指标来解决所有问题，那么就无法解释，也无法提出详细的问题。

大多数情况下，在制定商业决策时，衡量对象应该是最简单的，而这些对象足以充分说明你想研究的真实情况。原因如下：

- 更容易理解其优缺点。因为并不存在完美的度量指标，所以你不妨选择"你熟悉的魔鬼"，毕竟你对它的局限性十分了解。这样一来，你就能评估度量指标的可靠性，确定可能出现故障的情况。

- 你可以更轻松地沟通分析结果。

- 简单的度量指标能更简单地分析新情况或相关情况，而且工作量最少。

- 你不太可能在计算度量指标的代码中出错，也不太可能在不引人注意的情况下对边缘情况处理不当。

- 你可以使用几个简单而具体的度量指标，而不是一个综合指标。

以下三种情况是本规则的部分限定条件：

- 在定义度量指标时，我的建议是不要考虑许多的边缘情况，我的意思其实是不要作出大量主观判断。在某些情况下，受商业逻辑影响的边缘情况非常多。例如，因为很多产品是通过不同的渠道销售的，所以它们可能被故意排除在销售指标外。一般来说，在这些情况下，明确的逻辑会为规则提供指导，因此你并没有真正降低可理解性。另外，在你将边缘情况纳入度量指标之前，这些边缘情况可能已被列出，并得到精心维护，因此引入错误的可能性很低。

● 有一些情况下，度量指标的商业含义明确而简单，但
   是要想准确地衡量其中的含义，需要开展很多复杂的
   工作。在金融市场中，一个常见的例子是投资组合的
   "风险价值"（VaR）。风险价值法可以衡量投资组
   合的短期风险，它是指在一定的持有期和给定的置信
   水平下，利率、汇率等市场风险要素发生变化可能对
   某项资金头寸、资产组合或机构造成的潜在最大损
   失。风险价值是一个有争议的度量指标，连其支持者
   也认为应该谨慎使用（它可能对评估内部模型的可靠
   性更有用，而不是比投资组合风险更有用！），但你
   有时确实会看到此类基于模型的商业度量指标。

● 我建议使用简单的度量指标，因为它们易于剖析和推
   理。但在极少数情况下，你需要的是故意模棱两可
   的度量指标，才能避免出现适得其反的吹毛求疵。
   例如，大多数人都知道，标准普尔500股票市场指数
   是指500只公开交易股票的加权组合，随着时间的推
   移，人们会执行、调整加权组合，但很少有人了解其
   中的数学复杂性。实际上，我们的目标只是了解非常
   复杂的情况，然后继续下一步行动。毕竟，我们一般
   会更仔细地检查股票个股的投资情况，然后再做出实
   际决策。

在设计度量指标时，另一个考虑因素是必须要达到多高的准确性。以网站流量问题为例，一个棘手的问题就是如何清除机器人程序，你是想尽可能多地清除机器人，还是选择相信机器人程序的流量低于你所计算流量的5%？请记住，不存在完美的度量指标，在你担心把误差线变小之前，你应该询问一下你的误差标准实际上有多大。如果度量指标达到要求，则暂时可以继续行动，并定期展开核对。

4.2 异常值、可视化和概要统计的局限性：一图抵千数

视觉是人类的主要感觉，人脑拥有出类拔萃的图片处理能力，但是，一旦超出5个数字，人脑就无法处理。因此，你应该努力理解带图标和图片的数据，主要使用数字来验证你的理解是否正确。如果数字必须发挥核心作用，那么最好再增加图片，确保数字不会误导我们。

图4-1所示的"安斯库姆四重奏[1]"是数字和图形之间出

---

[1] 这是四种图表的一个著名集合，这些图表看起来明显不同，但其趋势线和汇总统计数据是相同的。

现脱节的一个著名例证。这四张图中的数据明显不同。上方
两张图分别表示充满干扰信息的线性关系以及非常清楚的非
线性关系。左下角的图表示异常值的影响，右下角的图展
示了与趋势线概念相反的情况。但是，参照数据概要统计
的常用套装软件，这些数据集几乎是相同的。它们的最佳
拟合线都一样，拟合效果都一样出色，x 和 y 之间的相关性
也相同。

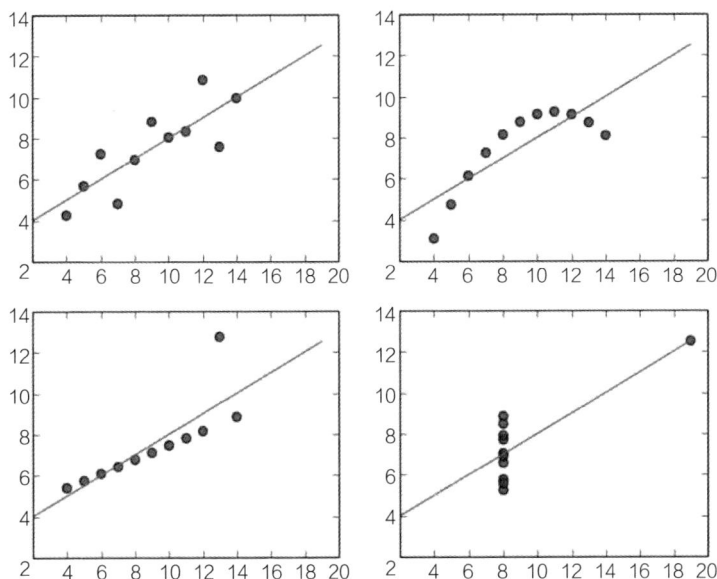

图4-1　安斯库姆四重奏

安斯库姆四重奏这一著名例证说明了概要统计的局限性
和可视化的重要性，这四个数据集的 x 和 y 具有相同的平均值

和标准差、相同的相关系数以及相同的趋势线。

安斯库姆四重奏就是针对这些指标的弱点设计的，重点在于"稳健统计"，"稳健统计"能够适应安斯库姆的某些异常情况。但真正的经验教训是，每个数字都描绘了一幅非常不完整的数据图，你应该尽可能使用更丰富、更直观的可视化术语来理解数据。

由于存在两个具体问题，所以安斯库姆数据并不适合经典概要统计：

（1）建模假设：对于相关性和趋势线等指标，默认假设数据中各字段之间存在线性（或至少是无变化的）关系。对左侧图来说，这个假设是基本正确的，但对于右侧图则不然。我们认为顶部那条漂亮的非线性曲线是噪声。在底部曲线上，一个异常的数据点便会导致出现一条并不真正存在的线。即使是像中位数这样的稳健统计，也默认假设中位数是"典型值"，但通常情况并非如此。

（2）异常值：根据图标的最后一行所示，少量异常值可以造成指标严重出错。

在某些情况下，我们会使用缜密的统计方法来测试数据是否符合你的基本假设，例如数据呈正态分布。通常有两种问题：

● 没有足够的数据来可靠地运行测试；

- 拥有足够的数据，但由于这些假设严格来说都是错误的，因此测试会失败。不过，这些假设仍然大致正确，且足够有效。

面对后一种情况，多个拟合优度指标都能解决一部分问题，但通常最好的办法就是查看数据。

如何处理异常值是一个敏感的话题，很大程度上取决于你要解决什么问题。在某些情况下，大多数异常值都是无用信息，例如，测量设备发生故障、网站遭到阻断式服务攻击或是其他事情超出了你的研究范围。在这些情况下，异常值通常会被丢弃，在计算平均值之前，有些人甚至会丢弃数据顶部和底部的四分之一。但在其他情况下，异常值是最重要的数据点，例如出现故障的机器、点击广告的用户以及真正影响利润的大笔交易。

到底什么是异常值？这个问题本身就有点儿模棱两可。大多数经典统计学理论都是建立在"数据符合正态分布"的假设之上，专业术语叫作钟形曲线。在钟形曲线上，异常值非常罕见。在正态分布的数据中，异常值通常是罕见的、极端的、可以忽略的，因为它们代表了测量方式出现一些偏差。但在实际情况下，灰色区域数据点通常存在"长尾"或"重尾"（我将在第4.4节中对此作出更多说明），这些数据点足够极端，导致分析存在偏见，但又足够常见，所以无法忽视。在这些情况下，经典统计指标多半毫无意义，我们不得不使用"稳健统计"，稳健统计对异常值的适应性更强。

通过比较两种不同的人口统计指标，即体重和净资产，可以说明重尾的重要性。人们的平均体重约为62千克，大多数人都与平均体重相差数十千克。很少有成年人的体重低于平均值的一半，或超过平均值的两倍，将经常生病的人排除在特定分析之外也是合理的。

相比之下，对于净资产这个指标，美国家庭净资产的中位数约为10万美元，但10%的家庭拥有100万美元或更多。前1%的人拥有800万美元，是平均水平的80倍，而且差距只会越来越大。根据"富人"的合理定义，有相当一部分富人是超级富豪，这就是重尾的本质。

以我的经验，数据科学问题通常就像净资产一样。如果你正在分析人类行为，那么通常有一小群人是高级用户，他们有自己的超级用户核心，每个群体都没有明确的界限。与不受欢迎的网站相比，受欢迎的网站能获得更多的流量，好客户带来的收入是一般客户的数倍等。

4.3 实验、相关性和因果关系

一般来说，数据科学的目标是发现并表征数据中的模式，对一直有效的模式做出假设，未来便能使用这些模式作出预测；而统计学的目标是仔细区分真实模式和巧合。这两者都与"为什么某个模式是真实的"这个问题大不相同。

在研究过被动收集的数据后，即使我们可以确定某一模式是真的存在，也无法由此严格确定因果关系。如果在A网站购物的人比在B网站购物的人花的钱更多，那么这可能是因为A网站的设计更好，也可能是因为访问B网站的人平时就是大手大脚的。

"相关性并不代表因果性"，这句话你应该听过很多次。但是，如果数据中的两件事具有相关性，那么人脑就会产生一种近乎病态的冲动，总想要理解其中的因果关系。与相关性或因果关系有关的说法已经有很多了，但显然还存在其他情况，我们还是想继续得出结论。为了找到一种更可行的选择，我建议你牢记以下几点：

经验法则：如果X和Y在数据中是相关的，那么任何一个因素都不会导致另一个因素的发生。相反，存在某个因素Z（统计学家称为"混杂因素"），同时影响着X和Y。

描述性分析和可视化图形可以帮我们识别数据中的模

式，而统计数据可以保证我们发现的模式不仅仅是偶然现象。但是，经验法则表明，大多数模式都是不可操作的。如果我们确定X和Y在数据中具有很强的相关性，然后强行控制X，希望能够影响到Y（比如，重新设计网站的样式，让人们花更多的钱），那么很有可能Y将保持不变，且相关性将不再成立。

相反，我们必须弄清楚Z可能是什么（或者假设在这种情况下，X确实会影响Y），设计一个严谨的实验来测试其有效性。强行改变假设起因，所有其他因素保持不变，我们看看是否会产生任何影响。

在实验中，我们对Z进行控制，查看Y的变化方式是否具有统计学意义。你必须牢记两个关键点：

- 只应控制Z。数据点的其他所有内容都应该尽可能地相同，或者说，测试组和对照组之间的变化至少应相同。通常情况下，将数据点随机分配给一个组，便能完成这一操作，这点并非总能实现，但是，如果实现不了，那么留下的不确定性便挥之不去，让人怀疑是否找到了真正的混杂因素Z。

- 多少数据才算够？要想了解所需的数据量，你需要知道你想检测的模式到底有多大的规模。例如，如果你想检测硬币的偏差性，一枚硬币出现正面的概率为

51%，那么需要进行大量的抛掷，才能确定偏差是否存在。只要实验的持续时间足够长，测试组和对照组之间总会出现一些统计学上的显著差异。你要确定一点，那就是多小的模式才重要到需要进行检测。你还要能接受一个事实，那就是你可能会错过更小的模式。

实验流程因行业而异。我的实验主要是针对网络流量，该领域的数据十分庞大：

- 很多用户比较独特，会产生不同的数据点，如果你想收集更多的数据，那么你可以让实验继续运行。
- 很容易将人员随机分配到测试组或对照组。
- 在几分钟之内，你可以确定某一用户是否采取了你感兴趣的操作。

结合上述几点，也就是说，在不同的实验中，我们可以轻松实现迭代，获得可靠的结果，然后进行我们想要尝试的下一项调整工作。手机应用程序、软件产品和网站一直把所有人当作小白鼠，因为非常容易实现。

在其他行业，这种情况是很难实现的。数据点一般十分昂贵。可能需要很长的时间才可以获得结果，因此，你必须认真规划实验，而不是进行迭代。最糟糕的情况也许就是，不可能只控制一个变量。

　　举例来说，假设你正在制造电子产品，想要试验几个组件的两种不同配置，通常情况下测试组和对照组需要的工具并不相同，需要的组装技能也不同。因此，你可能必须得接受这样一个事实：测试组的产品是在一条装配线上生产的，一组人从一个箱子中取出几个组件，而对照组的产品是由另一个人生产的。如果二者的配置都很好，但是，测试组的组装人员是更好的技术人员，这该怎么办？这种可能性真的无法解释。一方面是统计严谨性的需求，另一方面是获取数据后的工作，极难在二者之间实现平衡。

　　要想了解测试组和对照组之间存在的差异，很少会运行对照实验，然后只是"看看发生了什么"。从公平的角度来说，可以在两组之间进行各种比较（这也是一个好主意），看看是否会发生什么，非常有可能发生一种情况是你的"发现"只是统计学上的偶然事件。如果你的具体问题都是关于测试组和对照组之间的微小细节差异，那么这种风险就会变得特别严重。如果你仔细观察其中一些偶然发生的差异，那么出现差异的方式可能会有无数种。

　　相反，你应该进行一项实验，针对你将要真正测量的内容制订一个计划。这样你就必须弄清楚你正在解决的商业问题到底是什么。更重要的是，事先决定好你要测量的内容，防止被伪模式所误导。

4.4 以一个数字进行总结

在我的职业生涯中，许多最具启发性的时刻都与创建数据直方图有关，出于某种原因（通常只是因为需要研究的领域太多），即使我一直在使用数据直方图，我之前也并未将其可视化。在某种程度上，我一直认为直方图是一个钟形曲线，所以，每次看到直方图比我想象的更丰富、更复杂，总让我很兴奋。一般来说，在某个关键数字处会出现一个巨大的峰值，高出其他所有内容，我必须在重新绘图之前将这些数据点过滤掉。在其他情况下，会出现一条又长又细的尾巴，向右延伸，这样一来，99%的数据就被挤到了左边，较大的异常值也必须被删除，才能让图片变得明白易懂。

将异常值过滤掉之后，我终于看到了真正的直方图，它与教科书上的样子大相径庭。在直方图上，可能会出现多个峰值、骤然变化的分界点以及令人费解的斜率。虽然我不知道这些图形的具体含义，但我能清楚地看到，真实的过程复杂、迷人、特征鲜明，不是毫无意义的概要统计数据。一想到我总把直方图当作钟形曲线，我就倍感羞愧，整个世界都仿佛在嘲笑我的错误假设。

因此，我建议你将所有的一维数据都视作直方图，这样各种概要统计方法（充其量）就是简略地将直方图提取为单个数字。

鉴于此，接下来，让我们探讨一下钟形曲线的一些关键特征。

4.5 评估关键特征：集中趋势、扩散程度和重尾

4.5.1 测量集中趋势

为了理解集中趋势所描述的真实现象，围绕直方图的最基本问题就是典型值。什么算"正常"？这是一个复杂的问题，常见的答案有几种。这些度量指标被称为"集中趋势量数"，最常见的是平均数（也称为平均值）、中位数和众数。它们的含义迥然不同，如果数据呈重尾分布，差异可能会更大，图4-2对这种差异进行了可视化处理。

平均数、中位数和众数都是最常见的集中趋势量数，可将概率分布的"典型"值转换成单个数字，每个量数都有自己的缺点。

为了便于说明，假设你拥有一系列网站，受欢迎程度各不相同，而你想要了解其中某个网站收到的"典型"流量。

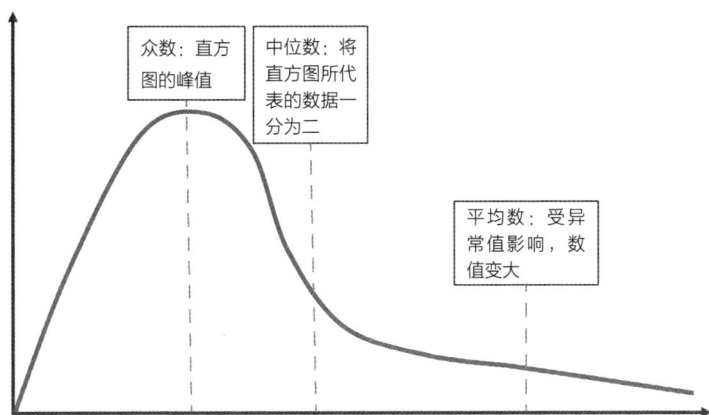

图4-2　集中趋势量数差异

4.5.1.1　平均数

最常见的（尤其是一期）度量指标是平均数，即所有网站访问量的总和除以网站数量。在数学领域，通常用希腊字母 μ 来表示平均数。

平均数衡量的并不是某一网站的典型流量值，而是所有网站的流量值。所有流量都可能流向一个或几个站点，或者这些网站之间的流量分布更加平均，但这对平均数并没有影响。

如果钟形曲线没有重尾，那么其平均数将接近曲线最高点。此外，平均数的计算十分简单（尤其是人工计算，早在计算机出现之前，平均数就被作为一种计算工具！），也存在很多优秀的数学特性，因此平均数经常出现在统计学文献中。如果你正在处理的数据对重尾的期望不高，那么平均数就是最简单且适用的指标。

但是，如果你认为会出现重尾，那么你要记住，平均数对重尾非常敏感。特别是直方图右侧的重尾会导致平均值远高于大部分数据点。

4.5.1.2 中位数

在数据中，重尾分布是普遍存在的，所以我们越来越多地使用中位数来衡量集中趋势。如果你将所有数据从小到大进行排序，那么中位数就是中间值，一半数据的值低于中位数，而另一半数据的值则高于中位数。因为异常值对中位数的影响很小，所以中位数是一个稳健的统计数据指标，即便数据的最高值非常大，也不会改变中位数。

在完美对称的钟形曲线上，中位数位于直方图的峰值处。如果曲线向右倾斜，则会将中值拉到右侧，最终会出现在任何将直方图分成两半的位置。

中位数可能是最普遍的稳健统计数据，在估算某个数值字段的"典型"值时，中位数可能也是最常用的方法。

4.5.1.3 众数

众数是数据集中最常见的单个值，即直方图的峰值点。从这个意义上说，对于"什么是典型值"这个问题，众数可能是最确切的回答。与中位数和平均数不同，众数还有一个优点，即适用于非数值数据，例如想知道饼图中的哪一块最大。

众数最大的问题就是，数据通常会彻底偏向一侧。在我们的网站流量示例中，即使只有少数网站没有访问者，数据的众数也可能为零，因为两个高流量网站不可能拥有数量完全相同的用户。所以，在这种情况下，众数并不是网站流量的"典型"情况，鉴于可能存在许多不同级别的流量，这是一个边缘案例，其重要性被夸大了。

要想解决这个问题，可以对站点数据进行分箱处理，分为0次访问、1至100次访问、101至200次访问。但在这种情况下，你面临的情况很棘手，与分析目标有些背道而驰。我们的目的是快速实现概要统计，而不是调查哪个是最佳的数据分箱系统。如果你使用的确实是分箱系统，通常不会对最高值分箱设置上限，例如网站访问量超过10 000次等。将访问次数分为几组，突出了使用众数的关键所在：如果你的数据只有几个值，而且你正在寻找最常见的值，那么众数的效果最好。

从现在开始，我不会再提及众数，我会使用平均数和中位数来测量集中趋势。

4.5.2　测量扩散程度

讨论完钟形曲线的峰值位置，下一个问题自然是钟形曲线的宽度。一旦确定了典型值（无论是平均数还是中位数），我们就想知道大多数数据与典型值离得有多近。

4.5.2.1 标准偏差

你可能听说过"上/下偏差"的概念，指的就是标准偏差，是衡量数据分布方式的经典方法。你可以将标准偏差理解为一个点与平均值之间的典型距离，这个距离高于或低于平均值。在经典的正态分布中，68%的数据都位于一个标准差内，95%的数据位于两个标准差内。标准偏差通常用希腊字母 σ 来表示。

根据数学定义，与平均数一样，标准偏差对重尾和异常值都很敏感。假设数字为 x_1-x_n，$\bar{x}$ 是它们的平均数。点 x_i 的"偏差"是 $|x_i - \bar{x}|$，是点 x_i 与平均数的距离的绝对值；0正好等于平均数，不管这个点是更高还是更低，平均数都是正数。顾名思义，标准偏差是多个偏差值的平均值，但有一点，取每个偏差值的平方值，取这些平方值的平均数，σ 是该平均数的平方根：

$$\sigma = \sqrt{\frac{|x_1 - \bar{x}|^2 + \cdots + |x_n - \bar{x}|^2}{n}}$$

取多个偏差值的平方值，计算异常值的敏感程度。如果偏差值为5，则其平方值为25，如果偏差值为10，则其平方值为100，以此类推。如果某一个偏差值比其他偏差值大得多，那么它的平方值就是最重要的平均数。

4.5.2.2 百分位数

要让异常值更稳健，另一种方法是百分位数。常见的做法是使用某一数据集的第25个百分位数和第75个百分位数，而不是标准偏差。一方面，这种做法的缺点是你必须使用两个数字，而不是一个，因此，将标准偏差用作测量单位是很方便的。另一方面，使用百分位数可以更真实地反映出长尾位于分布图一侧的情况，因为比起第25个百分位数，第75个百分位数可能离中位数更远。

在稳健统计中，通常用五个数字（最小值、最大值、第25个百分位数、第75个百分位数以及中位数）来概括总结分布情况，将其在"盒须图"中进行标注，"盒须图"捕获数据字段的中位数、25%和75%百分位数（可用于衡量分布）和极值。如图4-3所示。

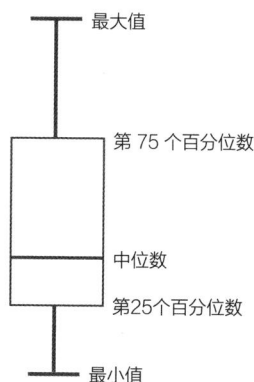

图4-3 盒须图

使用盒须图，你能直观地比较多个数据字段，以快速而稳健的方式。如图4-4所示，盒须图比较了几种通常用的五个数字的不同分布，让你了解它们的相似程度。

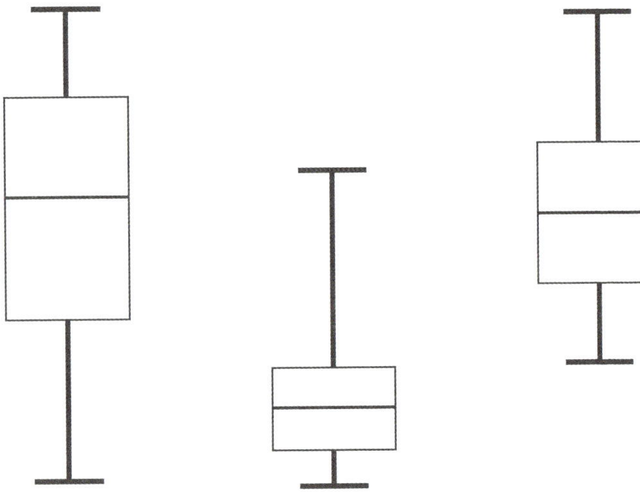

图4-4　不同的盒须图对比

4.5.3　高阶内容：管理重尾

实际上，你经常会听到与重尾度量有关的新闻，讲述前1%的人拥有大量世界财富，这就表明了财富分布的不均衡。

我其实很少听说有人给尾巴的重量加上一个数字，一旦加上数字，通常就会出现之前的情况：前X%的数据点占总数的Y%。统计数据的缺点是，不管你是选择X还是Y，并没有什么神奇之处，1%只是一个听起来还不错的整数。默认情况下，前1%本身就是高度分层的。

基尼系数可用于衡量财富差距（或其他尾巴的重量），基尼系数涉及的数学知识更复杂一些。基尼系数的数值范围是从0到1；在完全均等的情况下，基尼系数为0；如果一个数据点具有所有质量，那么基尼系数接近1。基尼系数有一个很出色的特性：每当1美元从钱少的人流向钱多的人时，基尼系数就会增加（即使两者都已位于前1%之列）。美国财富的基尼系数约为0.4。

我认为，只有在少数几个领域里，可视化效果可能会令人误解，重尾便是其中之一，你应该谨慎对待。如图4-5的（a）图所示，你能猜出一个分布的平均数是另一个分布的两倍吗？至少在我看来，很难衡量一条尾巴到底有多宽——它们都趋于零，使直方图的其余部分显得矮小。

通过绘制原始数字的对数，而不是数字本身，可以提升重尾分布的可视化效果。对数是一种数学函数，可将大量数字压缩到一个更易于管理的大小。图4-5对这两个直方图进行了比较。对数增加1意味着数字增加了10倍，对数增加2意味着数字增加了100倍，依此类推。相反，对数减少1意味着减少了90%。

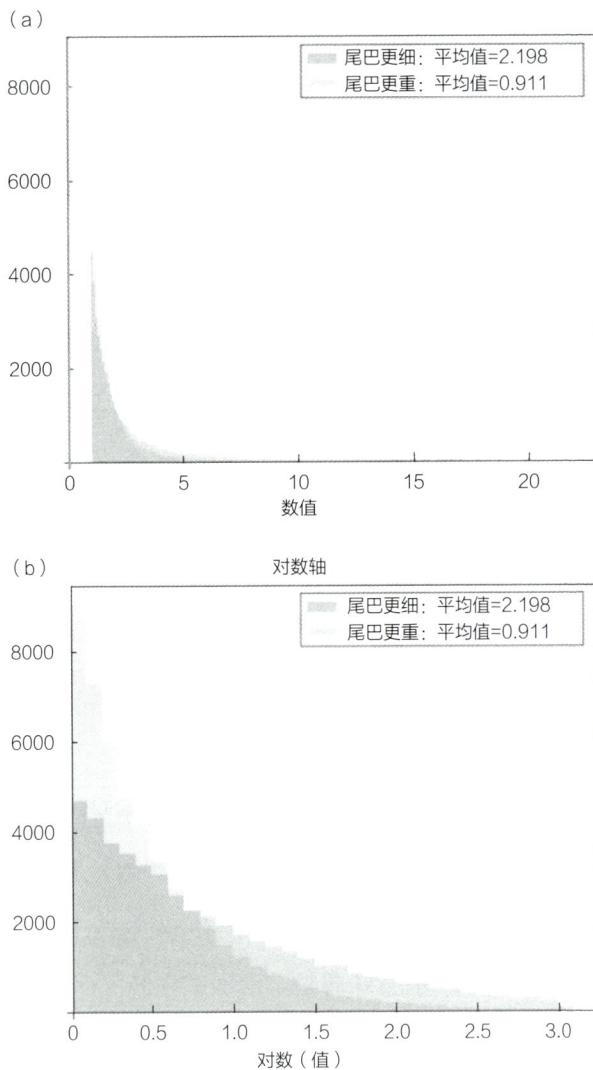

图4-5　重尾直方图

图4-5两个数据集的直方图分别绘制于（a）法线轴和（b）对数轴上。在（a）中，两个数据集的尾部都在变小，小到难以辨认的程度。很难衡量这两个数据集中大数据点的数量。但从（b）中明显可以看出，与一个数据集相比，另一个数据集中的较大离群值更为常见。

重尾呈现的视觉效果比较简单，除此之外，对数的数据可视化效果通常更好。以股票价格为例，从投资角度看，股票从2美元涨到5美元与从20美元涨到50美元是一样的，如果你绘制的是股票价格的对数，而不是原始价格本身，那这些差异看起来是一样的。同样地，你更愿意听到哪个说法，是某网站的流量增幅为每天1000名访问者，还是网站流量翻倍？如果你关心的是比例差异，那么对数就是合适的选择。

要真的挑问题，对数存在一个大缺点就是对数只适用于正数。这是因为用一个正数反复除以10，这个数会越来越小，但实际上永远不会等于零。通常情况下，我们研究重尾分布是为了计算某些对象的数量，比如某一网站的访问者数，0便是一个完全合理的数值。为了解决这个问题，我们一般看的是$\lg^{(n+1)}$，而不是$\lg^{(n)}$；将零映射到零，所有较大的数字都会变小。

4.6 总结两个数字：相关系数和散点图

我经常开玩笑地说，如果人类能在三个以上的维度上将事物可视化，那么作为数据科学家，我的全部工作就是创建和解释散点图。我之前曾建议使用直方图来分析一维数据，同样的道理，散点图是理解二维数据的正确方法。如安斯库姆四重奏所示，概要统计数据可能会让人对实际数据有所误解。

4.6.1 相关系数

"相关系数"这个词表示两件事是相互关联的。一件事可能导致另一件事的发生：原因和结果之间的相关性可能表明，你可以采取措施来实现预期结果。如果X和Y相关，则常见的根本原因可能是它们的发展方向是相同的（或相反的），X和Y也可能是同一事物的两个不同指标。

只要数据中的两个变量之间存在准确的关系，都有助于你对研究情况的理解。举例来说，通常情况下，先确定与预期结果密切相关的特征，对特征进行标记，以便展开更严格的人工检查。但是，要执行此类过滤操作，我们必须将"存在关系"这种说法变为可以计算的数字。

"相关系数"的数学定义范围相当有限。要确定X和Y

之间的相关系数，有几种不同的方法，但这些方法测量的是单调性关系，也就是说，其中一个值增大，另一个值始终会增大（或减小）。举例来说，根据图4-6所示的两个散点图，X和Y显然是彼此相关的，但它们之间的相关系数接近于零。如果这二者真的没有关系，那么X和Y是"独立的"。

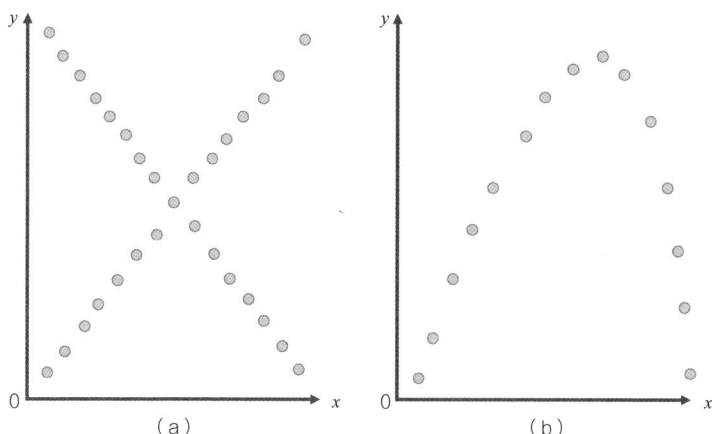

图4-6　散点图

注：在这两个图中，X和Y之间的相关系数接近于零。即便是稳健指标（例如皮尔逊相关系数），假设X和Y之间存在单调性关系。

所有相关系数度量指标的数值范围都是从-1（X增大时Y减少）到1（X和Y一起增大），0表示不相关。你可能知道，统计学里有三大相关系数。一个是皮尔逊相关系数[1]，

————————

[1]　1895年英国数学家皮尔逊（K. Pearson）提出的一种用于两个变量之间线性相关性的度量方法。数值为［0，1］。——编者注

使用X和Y的数值来计算皮尔逊相关系数。另外两个相关系数是斯皮尔曼相关系数和肯德尔相关系数，都属于"等级相关系数"[①]，不取决于X和Y的具体数值，只取决于哪些值比哪些值大。

4.6.1.1 皮尔逊相关系数

皮尔逊相关系数衡量的是数据线性关联的程度。具体来说，绘制一条最适合你的数据的线，相关系数的大小表示关联程度，相关系数的符号说明了这条线是向上还是向下延伸。

皮尔逊相关系数与平均数和标准偏差密切相关。毫不奇怪，皮尔逊相关系数对异常值和重尾很敏感。正如图4-1的安斯库姆四重奏所示，单个异常值可能会严重偏离最佳拟合线。

在你没有预料到会出现异常值的情况下（或者不可能出现异常值的情况下，例如，如果数据字段只允许为0或1），皮尔逊相关系数是一项易于理解且易于计算的统计数据。

[①] 这种相关性指标用于衡量按X与按Y进行数据排序时的相似程度。由于X和Y的实际值无关紧要，等级相关系数对异常事件具有鲁棒性。最常见的是斯皮尔曼相关系数和肯德尔相关系数。

4.6.1.2　等级相关系数

等级相关系数是皮尔逊相关系数的替代方法，对异常值更稳健，在基本假设中也更常见。皮尔逊相关系数测量的是 X 和 Y 之间线性关联的程度，你的数据是否位于一条直线上。等级相关系数衡量的只是关系的单调性，当 Y 值增大（或减小）时，X 值会增大。如图4-7所示，该图中的皮尔逊相关系数小于1，但等级相关系数恰好等于1。

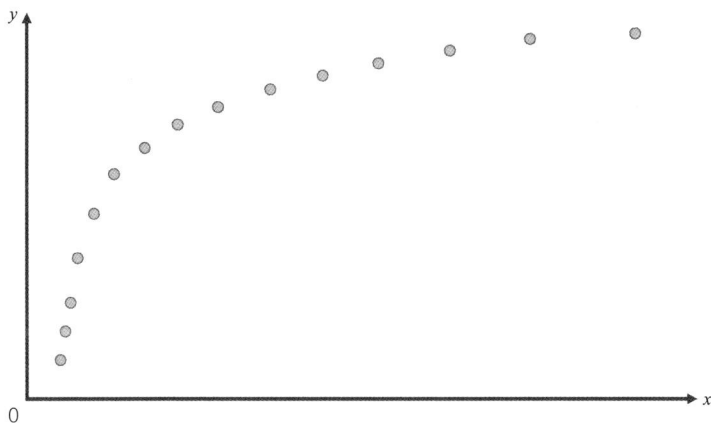

图4-7　皮尔逊相关系数示意图

这个数据集的等级相关系数为1，Y 值随着 X 值的增大而一直增大，但不会呈线性增加，因此皮尔逊相关系数将小于1。皮尔逊相关系数衡量的是线性程度，而等级相关系数衡量的只是单调性。

从本质上讲，对数据点进行排序时，如果按 X 值排序的程度与按Y值是相同的，那么等级相关系数测量的就是这种程度。等级相关系数对异常值具有鲁棒性，因为它们仅取决于数据点的排序，而不是X和Y的实际值。X的最大值是比第二大的值高出1%还是100倍都没有关系。

在实践中，你会看到两类等级相关系数：斯皮尔曼相关系数和肯德尔相关系数。我还没见过肯德尔相关系数和斯皮尔曼相关系数给出截然不同的结果，但至少在理论上，对于偶尔出现的全局异常值（例如，数据集中最高的人，体重也最轻），肯德尔相关系数的鲁棒性更强，而对于不太显著的变化，斯皮尔曼相关系数的鲁棒性更强。

斯皮尔曼相关系数是你能想到的最简单的等级相关系数。你只需将每个X值替换为其在X中的百分位数排名，Y值的操作也类似。然后计算各个百分位数之间的斯皮尔曼相关系数。肯德尔相关系数比较复杂，这里不再赘述。斯皮尔曼相关系数的计算时间要短得多，因此，在自己的工作中，我更喜欢使用斯皮尔曼相关系数。

4.6.2 互信息

互信息与相关系数有相似之处，因为互信息量化了两个变量之间关系的强度，但对非单调关系做出说明。理论上来说，X和Y之间的互信息说明：已知X的值对预测Y值能起到多大的作用。在实践中，要想计算互信息，需要针对 X 和 Y 之间的关系形式做出很多强有力的假设，经常会导致计算处理能力的棘手问题。因此，我们经常使用互信息来确认值得进一步探索的特征，但很少用互信息计算某一数据集的概要统计量。

互信息最大的实践优势是，可以使用互信息分析分类数据和数值数据，而相关系数仅可分析数值数据（即使数据不完全是数字，在使用等级相关系数时，至少也能将数据按从"最小"到"最大"进行排序）。

4.7 高阶内容：拟合直线或曲线

在描述性分析中，X 和 Y 之间的相关系数通常是能够贴切地说明它们之间的关系。如果你想知道一个指标与另一个指标的关系，你可以使用机器学习模型，但前提是你并不是很关心 X 和 Y 之间的关系是什么，只关心这种关系是否足够有用或是否值得进一步研究。

有些情况下，我们想做的不仅仅是衡量一种关系的强度或是确定这种关系的实际情况。具体来说，我们需要的是一个包含 X 的数学公式，对 Y 作出预测。不管你想作出哪类预测，这一点都很关键。找到这样的公式就是实现一种微妙的平衡：既满足数据可用性，又能思考这种关系应该是什么样子的。

如果情况比较简单，那么我们可以假设X和Y之间存在线性关系；这样一来，我们就需要知道最佳拟合线的斜率和截距。在其他情况下，如果你不想让数据中存在线性关系，除了拟合直线进行建模之外，你还需要采取其他措施，例如：

- 其中一个变量是时间，你希望能出现某种长期趋势，如指数衰减到零、达到稳定等。在这种情况下，你更有可能了解收敛到最终状态的速度以及这种状态的样子。

- 在某个点上，关系会出现反转。就好比说，你给病人吃的药越多，他们的身体就会越好，直到某个时刻，药物副作用变得比病症更严重，病人的情况反而更糟糕。这时，你可能会想知道预计"最佳位置"在哪里，它周围有多少回旋余地。

- 你预期会出现一个呈指数级增长的反馈循环，例如某个网站突然走红。在这种情况下，你想了解指数增长的速度（访问量是每天翻倍，还是每周？）以及指数的初始水平。

所有这些情况都属于"参数曲线拟合"的范畴。假设某个数学公式能把 x 和 y 联系起来，可能是一条线，也可能是一个指数衰减函数等。这个公式具有少量的表征参数（一条线的斜率和截距、指数增长曲线的增长率和初始值等）。之后你需要找到与数据最匹配的参数值，使用这些拟合参数来概括数据。

简单起见，假设我们正在拟合一条线，本节的其余部分同样适用于指数衰减曲线、指数式增长、抛物线或你可能感兴趣的其他情况。

我来深入讲解一些数学术语。第 i 个"残差"是 $r_i=y_i-(mx_i+b)$，是第 i 个数据点的高度与最佳拟合线的高度之间的差值（可以是正数或负数）。图4-8以图形方式对残差进行了说明。

在拟合曲线时，有两大问题：（i）拟合程度有多好？（ii）某条线真的是拟合的正确曲线吗？要回答这两个问题，残差的作用至关重要。

要想衡量我们离最佳拟合线有多远，一个典型的方法就是为每个残差分配一个"成本"，如果残差为零，则成本为0，否则，成本为正值，之后将每个残差的成本相加。一般来说，残差的成本就是其平方值，所以：

总成本 $=r_1^2+r_2^2+\cdots+r_n^2$

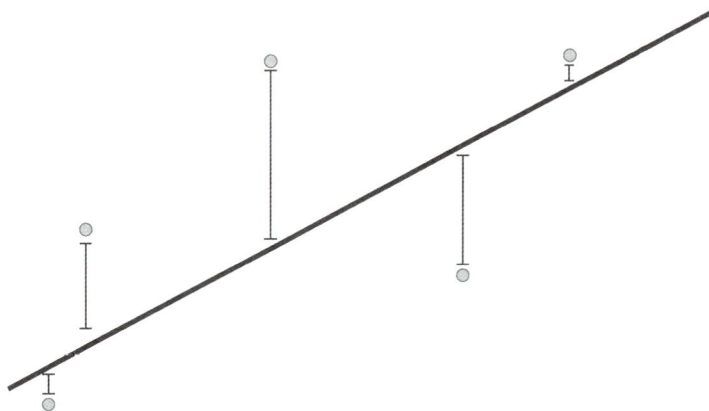

图4-8　拟合直线

注：残差衡量的是模型的准确性。本图中的灰点是我们的数据，这条线通过这些数据完成最佳拟合线。残差是数据中的y值与直线预测的y值的偏离程度。

如果一条平线通过数据的平均高度，那么我们通常就用这条线把总成本的预期值分开，如图4-9所示。这就是最简单的"曲线拟合"，因此，若拟合效果非常糟糕，出现了错误，那么可将其作为衡量错误的基准，要是得到的错误比基准值更少，意味着我们是正确的。总成本与平线预期成本之比被称为曲线的"平方"，其数值范围为从0到1，其中0表示完美拟合，1表示不如平线好。

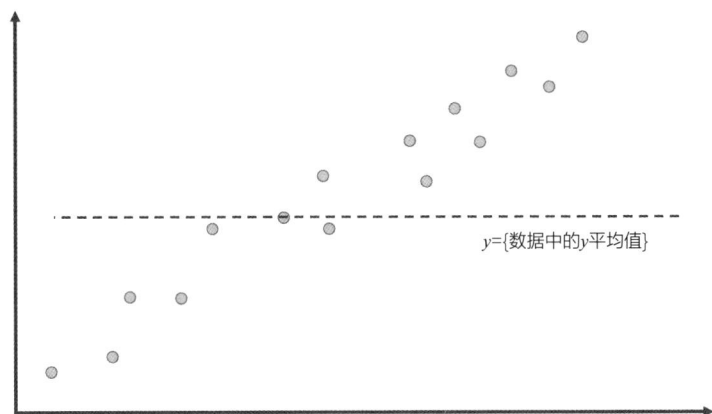

图4-9　曲线拟合图

　　"曲线拟合"的退化形式是比较的基础，衡量拟合曲线的效果有多好。在这一基线中，曲线值始终是所有观察到的 y 值的平均值。

　　"残差相关系数"[①]可用于判断我们拟合的模型是否好用。如果残差的大小和信号都混在一起，那么它们可能来自数据中的真正噪声。但是，如果有几大段数据中的残差为正数，而其他残差为负数，那么可能是因为我们拟合的曲线类型就是错误的，具体如图4-10所示。

___

① 在曲线拟合中，残差相关系数测定的是模型中的错误是由数据中的噪声引起的，还是由所选模型不合适引起的。若几个残差高度相关，则表明所选模型与数据并不匹配。

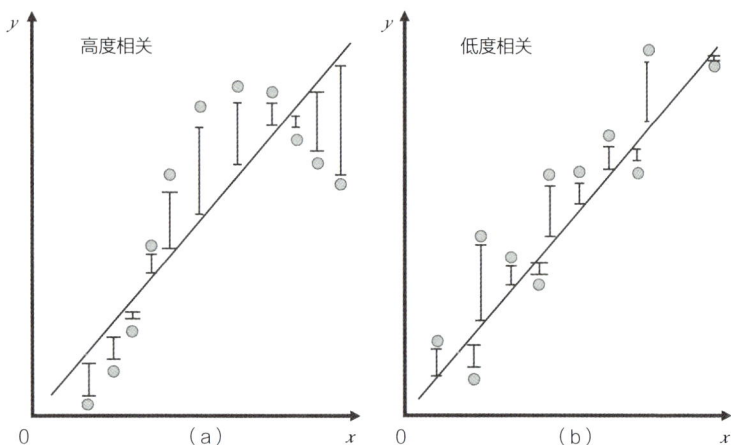

图4-10 拟合模型效果图

较大的残差可能有两个来源：要么是拟合曲线的数据有噪声，要么是正在拟合的曲线与数据不匹配。如果附近的残差彼此高度相关，这意味着我们之间的跨度很大，我们低估或高估了函数，表明我们选择拟合的曲线很糟糕。如果残差不相关，则表明数据只是嘈杂的。

如果某一点的残差（皮尔逊相关系数、斯皮尔曼相关系数或肯德尔相关系数）与其相邻点的残差是高度相关的，则表明我们可能需要重新检查各个假设。

最后，要了解如何找到最佳拟合参数，残差是关键步骤。让我们回顾一下之前的成本函数：

总成本$=r_1^2+r_2^2+\cdots+r_n^2$

我们将残差的平方值相加，可以得到线与数据的距离。

如果我们的数据集是一成不变的，那么总成本就是由拟合线的斜率和截距决定的，通过找到能将总成本最小化的斜率和截距，我们便能找到"最佳拟合"。因为残差的成本是其平方值，所以这种算法被称为"最小二乘拟合"，这是目前拟合直线和其他曲线最常用的方法。

4.7.1　异常值的影响

我已多次提到，拟合直线对异常值的影响很敏感。原因在于残差的成本是其平方值，会让异常值的影响变得更大。大小为10的单个残差与大小为2的25个残差的成本相同，因此，通过容纳少量异常值，最小二乘拟合便能形成趋势线。

如果预计会出现异常值，那么我们该如何应对？除了最小二乘拟合，另一种方法是，残差成本是其绝对值，异常值的成本很高，但我们不会通过取平方值来扩大其影响：

总成本=$|r_1|+|r_2|+\cdots+|r_n|$

为什么最小二乘法如此普遍？这个问题的答案大多与过去的经验相关。对于你可能选择的大多数成本函数（包括绝对值），你都必须进行"数值优化"，才能找到最佳拟合参数。由计算机对参数进行预测，计算与参数相关的总成本，然后逐渐调整其预估值，以降低成本。最终，预估值收敛为单一的解决方案，你可以根据某些标准来判断你是否足够接近。绝对需要一台计算机，才能完成这个复杂的过程。虽然在最小二乘法的特殊情况下，碰巧还有一个公式，你可以将数据嵌入其中，获得确切的最佳拟合参数。因此，在计算机出现之前，最小二乘法是唯一可用的方法，处理异常值的方法是手动排除。

既然有了计算机，我们就可以使用领域专业知识，专门针对当前情况定制成本函数。但是，与所有能提供极大灵活性的工具一样，你可能会将时间浪费在完善成本函数上，忽略了你使用拟合线的预期目的。除非你使用其他方法的理由让人无法反驳，否则你还是应该先使用最小二乘法，这个方法最容易计算，也最容易与人交流。这就是我经常说的，用最简单的分析技术来完美解决手头的问题。

4.7.2 优化和选择成本函数

另外，我想多谈一些关于数值优化的内容，我们为"总成本"设计一个函数，计算机会找到将成本最小化的参数。我们已经在拟合曲线的背景下讨论过这一问题，但我们可以使用这个概念解决一切需要数字答案的情况。优化是一种非常强大的技术，能在各个专业领域之间建立一条自然的分界线：要想绘制成本函数，你需要具备领域专长和业务理解能力，但是，你不必担心如何才能找到最佳参数（应该使用哪个软件？是在一台机器上还是一个集群上？）。同样，一旦经过精心设计，要想将特定的成本函数最小化，数据科学家或工程师并不需要具备任何领域的专长知识。对他们来说，这只是一个定义明确的数学问题，他们能以最方便的方式找到最佳参数。

在数值计算中，优化工作无处不在，在机器学习和人工智能中都扮演着重要的角色。我们在提及"训练数据模型"时，真正发生的其实是数值优化。我会在后续章节中作出更多说明，但现在，我想简要介绍一下使用精心设计的总成本函数能够实现的事情：

- 我们曾考虑过使得残差相关成本等于其绝对值，但是，因为异常值较大，仍然可能出错（不像取平方值一样错得那么严重）。相反，你可以选择一个成本函数，将某个最大值作为上限，无论异常值离得有多远，较大异常值都得承受固定损失。

- 假设某些数据点比其他数据点更重要，我们可以将每个残差的成本与一些重要性权重相乘，再将它们加到总成本。

- 假设你并不关心残差的绝对值有多大，关心的是相对于正确答案来说，残差有多大。举例来说，如果你想预测股票价格的变动，那么就会出现这种情况，之后

你就能使用类似 $[f(x)-y]/y$ 的成本函数。

4.8 统计学：如何不自欺欺人

在本节前，本章着重介绍了如何查找、可视化和量化数据中的模式。然而，有一个问题尚未提及：这些"模式"很可能只是碰巧出现，我们无法得出确切的结论。举例来说，假设一枚硬币是有偏硬币①，我们想了解其偏颇程度。如果抛了两次硬币，两次都是正面，那我们能从中得出什么结论呢？如果每多抛一次，就要花费10000美元，那么我们愿意抛多少次呢？

人类有一种倾向：会像抓住救命稻草一样抓住数据中的某个信息，编个故事来说明为什么这个信息一定是合理的，然后盲目地前进，在风险较高的情况下，这种倾向尤其严重。统计学就是为了防止出现这种倾向，这是一门量化置信度的学科。我们有时必须根据不完整的信息做出决策，但是，你对已知信息至少是有把握的。在进行受控实验时，借助统计学知识，你就能知道需要多少数据才能达到规定的置

---

① 在概率论和统计学中，将一系列独立的伯努利试验（每次试验成功的概率为1/2）比喻为有偏硬币。——编者注

信度。

在历史背景下来理解统计学是最好的方法。在数据稀少且成本高昂的情况下，可以使用统计学来解决问题，举例来说：

- 你想知道某种新肥料是否有助于农作物生长。每个数据点都代表一块土地，你必须得等整整一个生长季节，才能获得结果。

- 根据已经完成的人口普查结果，一共有100人。这就是你得到的全部数据。

- 你正在测试多个硬件模型，为大规模生产制造作准备。每个模型的手工制作都需要花费几个小时，你必须承担零件的费用。

- 你想知道某种新药是否有效，每个数据点代表一个人的生命。

在这些情况下，你会努力维持每个数据点的置信度。但你通常没有足够的数据，无法拟合出复杂的预测模型；你只想知道数据中的某个模式是不是能帮你做出决策的真实情况，或者，你只想判断某一模式是否是因为数据不足而碰巧出现的。我们可以使用"p值"①做出评估，后续我会进行具

①　根据零假设，p值是指检验统计量和样本观察结果都很极端的概率。如果p值很小，则意味着根据零假设，数据看起来就没那么合理，会对零假设产生怀疑。

体说明。

一般来说，现代数据科学领域中并不存在这种问题。我经常说，如果你有一百万个数据点，而你的模式没有足够的说服力，你甚至对p值产生了怀疑，那么可以确定的是，这个模式的说服力太弱，没有任何实际用途。问题不在于从数据中的偶发情况中选出真实模式，而在于确定哪些模式最具说服力、最有使用价值。正因如此，面对需要使用统计学知识的情况，数据科学家通常显得能力不足。当初设立统计学，就是为了解决某些领域的问题，而对这些领域来说，统计学知识仍很有必要，无论是生命，还是农田，都是一如既往的珍贵。而在新的数据来源中（例如互联网），数据点都很便宜。

在统计学领域中，一些问题看似简单，但最终可能需要非常复杂的数学知识进行严格计算。因此，本节的很多内容都属于"高阶内容"，大多数企业管理者并不需要真正了解这些细节。如果你想培养批判性分析思维，那这些内容会起到参考和帮助作用，但你要是想获得认可，能理解p值便已足够。

4.8.1 核心概念：p 值

假设某种疾病的死亡率为50%，10个人服用了一种新药，有8人幸存。在这种情况下，你能确定这种药物是有效的吗？还是说，另外3个病人只是因为运气好才幸存下来？

为了便于说明，我想举一个更简单的例子：你抛了10次硬币，8次是正面，你想知道这枚硬币是否是有偏硬币。首先要理解一点，我们并不是要计算"这是一枚有偏硬币的概率"。要估算有偏硬币的实际风险，需要作出主观评估，这与数据无关。比起你从自己口袋里掏出一枚硬币进行抛掷，你如果是在一间赌场扔出8次正面，那这8次看起来就更可疑，我们寻找的是更为客观的东西。

要想大致说明真实情况，就需要作出主观评估。相反，统计学家选择了另一种方法：根据现状作出数学假设，再根据这些假设计算数据中发生某些事情的可能性。这样一来，我们当然认为硬币是公平的，而我们的问题是：抛10次硬币，出现8次正面或更多次正面的概率是多少？结果是5.4%，这个数值虽然很小，但并非微不足道。你之后可以根据主观判断来衡量客观指标。

在统计学术语中，公平硬币的概念被称为"零假设"。零假设的意思是，这种模式（例如硬币是公平的，药物不会影响患者等）在现实世界中是不存在的。我们不一定认同零假设（我们一般都希望它不是真的！），但是零假设给出了计算具体数字所需的数学精度。根据零假设，我们在数据中看到的每个模式都是偶然出现的。

　　硬币出现正面的概率被称为"检验统计量"，这个数值是根据数据计算出来的，可用来衡量零假设的准确性。多亏了零假设的数学精度，我们才能准确计算检验统计量位于某一范围内的可能性，这一点非常重要。如果检验统计量远远超出预期范围，那么零假设看起来就很不靠谱。

　　在抛硬币时，我们自然会把公平硬币用作零假设，检验统计量是指硬币出现正面的概率。由于其他方法确实行不通，所以你可能会好奇我为什么还要再介绍其他新的术语。在其他情况下，零假设并没那么好理解，选择正确的检验统计量并非易事。

　　"p值"是统计学的核心概念，是指当零假设为真时样本观察结果或更极端结果出现的概率。

　　惯例是将5%作为判断某一模式是否"具有统计显著性"的分界线，但仅仅是惯例而已。值得注意的是相反情况，如果零假设为真，又没有特别之处，那么在5%的情况下，你可能会随机获得"具有统计显著性"的结果。

　　要特别注意的是，p值低并不意味着模式有说服力。在了解"假设检验"的过程后，你就能知道在某些数据中零假设到底有多合理，但你无法得知零假设错误的严重程度。通常情况下，基础模式的说服力很弱，但是由于你拥有的数据太多，所以无法拒绝接受这个模式。以公平硬币的零假设为例，如果抛10次硬币，8次或8次以上出现正面，那么p值等于5.4%。但是，抛100次硬币，出现60次正面（数据越多，说服力越弱），p值会下降到2.8%。将一枚稍微有偏的硬币抛掷很多次，或是将一枚严重有偏的硬币抛掷仅仅几次，这两种情况得到的p值都是相同的。随着数据集越来越小，数据集的影响表现出统计显著性，你的问题也从"某一模式是否为真"变为"某一模式的说服力是否足够"。

4.8.2　现实检验：选择零假设和建模假设

p值的一个主要不足之处在于，p值取决于零假设的数学结构，通常需要很强的假设。抛硬币的例子涉及一些人为因素，因为公平硬币假设中的数学知识非常简单，是唯一的必然选择。一般来说，要想计算p值，你的假设必须比"不存在模式"更有说服力，数据通常呈现特定分布状况（通常是正态分布）。这些假设是无中生有，在数学计算中很有必要，但是，这个过程还是存在不确定性，这一点令人沮丧。

举例来说，假设办公室A的销售人员的平均销售额比办公室B的高，你想知道这种情况只是巧合（一间办公室的平均数只是碰巧稍高一点），还是办公室A的销售人员真的更好。

办公室A和办公室B的销售额都符合概率分布，零假设是分布的平均值相同，销售额之间的观测差值只是统计波动，是很合理，但还不足以计算出p值。直观地说，为了知道某一波动的典型幅度，我们还必须知道办公室A和办公室B分布的可变性。如果平均值相同，但是一个办公室的可变性比另一个办公室高，那该怎么办呢？为了进行数学运算，我们必须假设办公室A和办公室B的销售额遵循哪种类型的概率分布，普遍的惯例做法是假设呈正态分布。

你肯定曾听人提起过，某个模型的正态分布有多糟糕。在这种情况下，最大的问题是异常值很少，因为销售额可能非常高，也可能非常低。那么，我们是否应该另辟蹊径，使用不同的概率分布呢？这就会出现各种可能性。最后，你只能做出某个选择，然后希望你的选择足够准确。

一般来说，我不建议使用复杂的数学知识和不确定的建模假设，我建议你首先尝试以一种将复杂性最小化的方式来作出分析。要测定一个办公室的销售额，其实并非易事，因为你必须对概率分布作出建模假设，而这些概率分布可能是错的。如果你使用的是二元指标（例如，一个人的销售额是否超过了某个绩效阈值），那就更容易处理一些。在这种情况下，一个办公室里有100个人，就相当于抛100次硬币，零假设是每个办公室的硬币出现正面的机会是相同的。当然了，衡量"优秀"员工的占比与衡量整体销售额平均值并不是一回事，然后，就许多业务决策而言，这类指标可能同样合乎情理。

在数据科学领域，你经常会在A/B测试中见到一种情况：一件事情的成败通常取决于用户是否参与了某一目标操作（例如在网站上购物）。反复掷硬币是模拟这类情况的一种方法，极其准确，这意味着p值非常可靠。在正态分布的情况下，我仍然会计算p值，但也会感到紧张。

由于存在这些缺陷，在分析实验数据时，除了给出p值外，还要以图形方式呈现数据，这一点很重要。办公室A和办公室B的销售额一般会以直方图的形式表示，统计结论就显而易见。

4.8.3 高阶内容：参数评估和置信区间

之前曾有报告称，人类的平均身高是（170±5）厘米。这意味着，对整个人群进行抽样，在该数据样本中，人类的平均身高为170厘米，整个人群的平均身高可能在（165~175）厘米，也可能会超出这一范围，但是可能性微乎其微。

（165~175）厘米的范围被称为"置信区间"。平均数周围的置信区间近似钟形，你需要了解两个关键点：

1.置信区间的大小与样本的标准差成正比。如果个体之间的可变性达到两倍，那么根据个体样本估算出的不确定性也将达到两倍。

2.置信区间的大小会按照数据点数量的平方根而缩小。如果数据点的数量变为4倍，那么区间将缩小1/2。如果数据点的数量变为100倍，那么区间将缩小9/10，依此类推。随着获得的数据点越来越多，你就可以将置信区间变为任意大小。

绝大多数情况下，这两点都对你有利。根据我的经验，人们使用置信区间的方式非常随意，通常就是用样本中身高的标准差除以n的平方根。

严格来说，要计算置信区间，还需要采取一些其他步骤。让我们回顾一下，进行更多的数学计算。在上述身高的例子中，我们默认使用正态分布描述人们整体的身高，定义参数是平均数μ和标准差σ。这些参数的数值是未知的，我们的目标是根据n个人的样本身高来估算参数数值。

置信区间是一组参数数值，如果你使用给定数值，则观测数据被认为是合理的。我曾提过"整个人群的平均身高可能在（165~175）厘米"，严格来说，这种说法是错的。不存在什么"可能"，平均身高要么位于置信区间之内，要么位于置信区间之外。然后，（165~175）厘米的置信区间代表μ值集合，观测数据的p值大于0.05。

对于某一特定概率分布的特定参数的置信区间，其计算步骤一般非常复杂。碰巧的是，在正态分布的情况下，置信区间约等于样本中的标准差乘以n的平方根。

除了钟形曲线以外，在估算参数时，这种差异可能是有意义的。举例来说，假设你抛出一枚有偏硬币，需要估算硬币出现正面的概率p。假设正面是1，反面是0。你掷了四次硬币，四次都是正面。如果我们继续使用正态分布，那么结论为p=1.0，这是该参数的最佳估算值，因为几个样本的标准差是相同的，所以置信区间的宽度等于0。但很明显的是，考虑到数据情况，p=0.9的有偏硬币依旧十分合理！正确且经过严格推导的置信区间（即克洛珀–皮尔森置信区间）均考虑到了这一点，其数值约为$0.3976 \leq p \leq 1.0$。

4.8.4 高阶内容：值得了解的统计测试

本节将简单介绍几个值得了解的统计检定。针对每一种方法，我会直观地解释你想检验的零假设，说明检验统计量，并给出一些建议。

4.8.4.1 卡方检验[①]

卡方检验（也称为χ^2检验）可用于测定分类变量，例如掷硬币、掷骰子或获得某种状态。每种结果可能出现的概率

————————
[①] 通过使用这种统计检验方法，我们能判断出某些离散型结果集合（例如，抛有偏硬币或掷加权骰子）的概率是否正确。

都是固定的（在掷骰子时，每种结果可能出现的概率相同，也可能不同），我们想要检验这些概率是否真的正确。本质上来说，检验的是我们判定为真的情况与观测数据之间的拟合优度[①]。

按照预计，我们认为常见数值会在数据中大量出现，而偶然出现的值则很少出现。具体来说，如果第i个结果出现的概率为p_i，有n个数据点，那么它在数据中出现的次数（我们称为d_n）约等于$n*p_i$。你计算的检验统计量涉及所有预期值的偏差：

$$\sum_i \frac{|x_i - n*p_i|^2}{n*p_i}$$

卡方检验之所以也被称为χ^2检验，是因为如果零假设确实为真，那么检验统计量的概率分布类似于χ^2分布。

请注意一点，卡方检验存在一个缺陷。假设我们多次投掷一粒加权骰子，出现5的概率预计只有0.01%，相当于基本不出现。如果实际概率为1%，那么x_5比np_5大很多倍，测试统计量大的惊人，检验就失败了。当然，失败也是应该的，因为零假设实际上并不为真，但是，我们只希望某些商务应用"足够正确"，而极不可能的情况是无关紧要的。在

[①] 拟合优度是指回归直线对观测值的拟合程度，度量拟合优度的统计量是可决系数。——编者注

这类情况下，你可以把最不可能的结果归为一类，再重新运行测试。

4.8.4.2　T检验[①]

在前面章节中，为了判断销售额较高的办公室中的销售人员是真的更优秀还是运气好，我曾经对比过办公室A和办公室B的平均销售额。在该例中，我们把某位员工的销售额绘制成钟形曲线，平均数为μ，标准差为σ。我们想知道两个办公室的μ值是否相同。如果已知σ值，那么计算并不难，可以假设每个办公室的数值都相同。但一般来说，σ是未知的（两个办公室的数值通常不同），必须根据数据进行数值估算。

T检验就是用来解决这个问题的。将正态分布分别拟合到每间办公室的销售额，计算μ和σ的最佳拟合估计值，再计算两个μ之间的差值，使用σ让差值按比例缩小。平均销售额之间的价差调整差值就是检验统计量，如果零假设为真，则其符合T分布的概率分布。

T检验的最大问题是：默认假设某间办公室的某位员工的销售额符合正态分布，这类假设一般都是错的。若假设另一种分布更合适，则得出的检验统计量和p值可能会有所不

[①]　假设有两个数字集合（比如两个不同办公室的员工的销售额），T检验测定的是这些数字是否来自平均值相同的基础分布。

同，但你基本碰不上这种情况。相反，人们通常对T检验持怀疑态度，不会使用T检验处理过于繁重的数据。

4.8.4.3 费希尔精确概率检验

费希尔精确概率检验用于确定符合某些标准的一个组的占比是否大于另一组。在可用数据极少的情况下，可以选择这种方法。举例来说，假设有一组男性和一组女性，每个人喜欢或不喜欢一部电影的情况，如表4-1所示：

表4-1 男性和女性喜欢一部电影情况统计表

喜好	性别		行总和
	男性	女性	
喜欢这部电影	1	9	10
不喜欢这部电影	11	3	14
列总和	12	12	24

在本例中，$1/12 \times 100\% \approx 8.33\%$ 的男性喜欢这部电影，$9/12 \times 100\% = 75\%$ 的女性喜欢这部电影。差值很明显，但表中的数字非常小，目前尚不清楚是否为巧合。

零假设是男性和女性对这部电影的喜爱程度不相上下。在费希尔精确概率检验中，假设有24个数据点，每个数据点代表的信息包括性别以及对电影的态度。分类方法有很多种，结果是有12位女性，10个人喜欢这部电影。检验统计量表示的是：在多大的人群中，至少有75%的女性喜欢这部电影。在本例中，p值约等于0.0013，尽管数据点很少，但得到的结果非常显著。

4.8.4.4 多重假设检验

我曾多次提到过一种风险：如果你足够认真地研究数据，那你最终会发现有些事是具有统计意义的，即使只是偶发情况。现在让我们更详细地说明一下。

如果零假设为真，那么在检验统计量中，出现偶发情况的可能性为5%且得出的错误结果具有统计显著性。如果你运行了两次检验，零假设都为真且两次检验是独立的，那么至少一次检验具有统计显著性的概率为 $[1-0.95 \times 0.95]$ $\times 100\% \approx 9.7\%$，高于仅检验一个假设的概率。如果你运行了14次检验，所有检验的模式都不为真，那么至少有一次检验可能（约51%的可能性）会偶然出现统计显著性。

这就是"多重假设检验"，只要一个对照实验中存在多个检验组，就会出现这种情况。直观地说，要想做到这一点，就要提高我们对统计显著性的标准；如果你正在检验十个假设，而不是一个假设，那么在你宣布任何具有统计显著性的发现之前，你设置的标准通常会更高。

如果你运行的各类检验之间存在相关性，那么严格处理这种情况的过程就变得相当复杂。我们一般假设每个检验都是独立的，采用的方法为"邦弗朗尼校正"[①]。用置信度阈值（通常$p=0.05$）除以你正在运行的检验的数量，获得更严格的阈值$p* = \dfrac{p}{\{\#\text{tests}\}}$。只有当$p$值小于$p*$时，才能获得具有统计显著性的结果。你可以从数学角度作出证明，如果你所有的零假设都为真，那么得出错误结论的概率就等于原来的p值。

除了事后分析数据，在设计实验时，这种校正法就至关重要。一般情况下，在设计一个实验时，你要先决定你想达到多大的检验效果，然后再收集足够的数据，这种效果产生的p值会低于置信度阈值。但是，假设你正在检验五种不同的成功标准，你想知道在测试组中某种标准是否比对照组更常见。在邦弗朗尼校正法中，分析数据时使用的p值是0.01，而不是0.05。假设存在一种模式，在你收集数据时，p值在下降到0.01之前，会达到0.05，因此，你需要收集更多数据，才能证明单个成功标准的显著性提高。

4.8.5　贝叶斯统计

如前所述，p值表示的不是某种情况出现的可能性，而

---

① 如果我们正在测试多个假设，现在想知道某个假设是否具有统计显著性，那么某个假设偶然出现显著性的风险会更大。邦弗朗尼校正能减少p值阈值，应对这种风险。

是数据位于给定假设下的可能性。要想对真实情况作出说明，需要做出大量模糊的判断和主观性评估。统计学的重点是消除人类的主观性，严格检验先入为主的观念，这被称为经典统计或常客统计。

另一种理论是贝叶斯统计，（无论情况如何）研究的是先入为主的观念。这种方法是在数据极其缺少的情况下利用高质量专业知识来解决问题。这种统计方法受到一种观念的影响：我们针对情况做出一组假设，置信度各有不同，随着收集的数据越来越多，我们会提供不同假设的最新置信度数值。

在经典统计学中，通常有一个零假设，评估的是给定假设下的数据是否合理。贝叶斯统计有几个假设，只有一个是正确的，而且每个假设都有一定程度的置信度。这些置信度被称为"先验概率"。"置信度"和"概率"之间的区别值得讨论，从数学角度看，我认为两者是一样的。

一旦数据变得可用，我们可以根据数据位于各个假设下的可能性来计算每个假设的概率。可以使用数学方法来计算最新的概率值，正确公式如下：

$$\frac{\text{Prob}\{A\}}{\text{Prob}\{B\}} \leftarrow \frac{\text{Prob}\{A\}}{\text{Prob}\{B\}} * \frac{\text{Prob}\{\text{Data} \mid A\}}{\text{Prob}\{\text{Data} \mid B\}}$$

贝叶斯统计的内容不是几个离散假设，而是一系列具有不同置信度的假设。举例来说，某个钟形曲线代表先验置信度，而对象是数据"真实"平均数的可能值。随着数据的出现，钟形曲线会发生移位，也变得更尖：最终的钟形曲线是先验置信度与已出现数据之间实现的平衡，随着数据流的增加，曲线更倾向于后者。

从数学角度来看，贝叶斯统计法比经典统计法更为复杂。根据基本假设，这两种方法都需要计算观测数据的概率。但是，贝叶斯统计也需要先验置信度，可能是一团糟。要想计算最终概率，可以将两种方法结合使用。如果你拥有高质量的先验分布，而不是大量数据，那么这种方法可能值得一试。但是，若可用数据非常多，则经典统计法和贝叶斯统计法得出的结论在功能上差不多。

4.9　高阶内容：值得了解的概率分布

我已经介绍过很多与钟形曲线及其缺点有关的内容。钟形曲线是一种理想化的状态，依赖于非常强大的数学假设，而这些假设在真实情况中通常是不成立的。但是，也有很多基于不同假设的其他概率分布，可能更适用于其他情况。没有模型是完美的，某些模型非常准确，如果我们要估算概率、计算赔率或应用统计数据，则需要建模。与经典的钟形曲线相比，概率模型涉及的内容要多得多：本节会就此进行说明。

理解概率分布的一个关键点在于，大多数有趣的概率分布会自然出现在某些理想化的情况中。举例来说，如果你把许多独立随机数字（掷硬币、产生一定收入的交易等）相加，那么钟形曲线一定能准确地描述它们的总和；如果这些数字不是独立的，那么钟形曲线便没有用武之地。本章中所有其他概率分布的出现方式都是类似的，只要知道不同的分布是如何出现的，你就能猜出哪些分布是有潜力的（或是危险的！），从而描述特定情况。不要将概率分布视作一个数学对象；它描述的是生成数据的真实过程。

本节内容侧重介绍数学知识；显然，在计算某一数值时，必须从数学角度来看待概率分布问题。但我会尽量减少数学内容的篇幅。相反，我会侧重介绍不同分布的出现方式、投入使用的典型真实情况及其关键假设。要想对建模决策做出批判性思考，这些内容都是你需要了解的。

4.9.1　概率分布：离散型和连续型

概率分布是一种常见的数学方法，说明某些数字出现的可能性。主要分为两类：

- 离散型分布：数据只能以离散整数的形式出现，而且每个整数出现的概率都是有限的。掷骰子就是一个很好的例子，骰子上的数字从1到6，每个数字出现的概率都是1/6。如果抛了一枚有偏硬币，那么出现正面（通常用整数1描述）的概率是2/3，而出现背面（用0描述）的概率是1/3。抛硬币和掷骰子可能出现的结果有限，但并不是必要条件。你也可以使用离散分布来模拟某一网站在一年内的访问次数；理论上，这个次数可以是任意数字，但出现大数字的可能性非常小。

● 连续型分布：在这种情况下，数据是十进制数，而不是整数。单个数字出现的概率为零，但我们能算出某一数据点位于任意两个数字之间的概率。

离散型分布和连续型分布之间的关系并不稳定。例如：

● 严格来说，一个罐装M&M[①]巧克力豆的数量可以使用离散型分布来描述，但在大多数现实情况下，用重量来进行描述和测量可能更有意义，呈连续型分布。

● 网站的每日访问人数呈离散型分布。为了便于分析，我们通常采用移动平均数来消除噪声，在这种情况下，"2.278人"就是一个有意义的概念。

● 计算机只能存储到小数点后这么多位的数字，因此，

――――――――――

① M&M是美国巧克力豆品牌，2004年被评为美国最受喜爱的广告标志。——编者注

从这个意义上讲，计算机只能处理离散型分布。

我们认为，大多数连续型分布都是潜在的离散型分布的极限情况，比如罐装的M&M豆。一旦这种情况出现，我会着重说明。

理解概率分布的最佳方式是将其视为一个包含大量数据点的直方图（在连续型分布的情况下，条形图非常细），以便消除所有图像噪声。所有条形图的高度都按比例缩放，面积加起来代表的概率等于1，如图4-11所示。

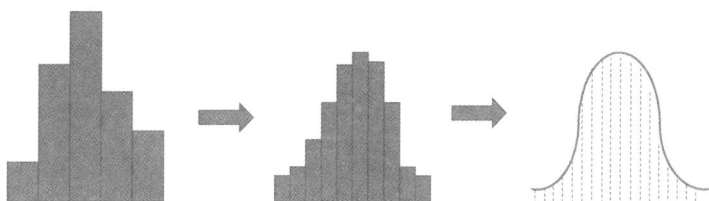

图4-11　包含大量数据点的直方图

对于概率分布，最直观的说明方式就是直方图，组距非常窄，包含的数据点非常大。

如图4-12所示，根据概率曲线下的面积，便能得出某个数值或某个值域出现的概率，连续型概率分布曲线下的面积等于某个数值位于该范围内的概率。

本节重点阐释概率分布的产生方式及其特征。我一般会查看概率分布的特征，以图表形式进行说明，而不是用数学

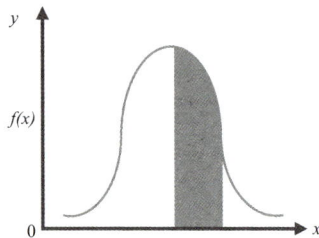

图4-12　连续型概率分布曲线图

公式。有一点要注意，在离散型分布的情况下，我们通常用 p_N 表示数字 N 出现的概率；在连续型分布的情况下，位于 x 处的分布的高度是 $f(x)$。

4.9.2　抛硬币：伯努利分布

最简单的概率分布是伯努利分布，如图4-13所示。以抛硬币为例，如果抛的是有偏硬币，那么出现正面朝上的概率为 p。出现背面朝上的概率为 $1-p$，通常用 q 表示。通常用整

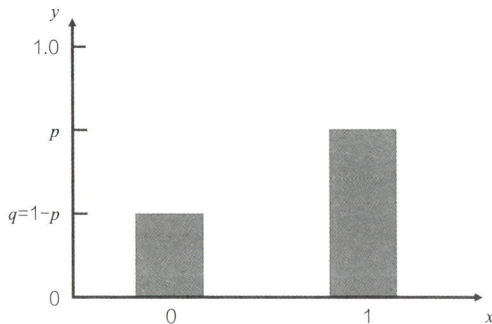

图4-13　伯努利分布示意图

数1来代表正面，用整数0来代表背面。

在伯努利分布中抛出的硬币为有偏硬币。出现1的概率为p，出现0的概率为$1-p$。伯努利分布可用于描述"是/否"或其他二进制情景，网站的访问者最后要么买东西，要么不买。在病毒抗体的医学测试中，要么成功发现了抗体，要么失败了。

伯努利分布本身并不是特别有趣，但它是更复杂的分布（如二项式分布）的基本构成要素。

4.9.3　抛硬币：二项式分布 [1]

二项式是指抛出n枚有偏硬币时出现正面的次数，即n个独立伯努利分布的总和。数据科学领域中，这是一种对可能成功或失败的事物进行建模的常见方法。

在A/B测试中，这种方法尤其有用，我们将用户随机分配到测试组或对照组，再求取成功的比例。测试组的成功次数呈二项分布，只是我们不知道成功情况的p值。

关于二项式分布最重要的一点是，随着n变大，大数定律开始生效，数值几乎接近$n*p$的平均数。如果掷出100枚公平硬币，那么正面可能会出现50次。如果你掷1000枚硬币，

---

[1]　如果抛出一定数量的有偏硬币，要计算正面出现的次数，那么你得到的概率分布就是二项式分布。

那么正面可能会出现500次，以此类推。

更准确地说，二项式分布的标准差是 $\sqrt{p(1-p)} * \sqrt{n}$。也就是说，随着n变大，标准差与n的平方根成正比。但是平均数pn与n成正比，因此，相对于平均数，标准差越来越小。让我用数字进行说明，掷一枚p=0.5的公平硬币，$\sqrt{p(1-p)}$=0.5。若n=100，则标准差等于0.5×10=5，即平均数的5%。若n=10000，则标准差等于0.5×100=50，即平均数的0.05%。随着n变大，平均数出现重要偏差的概率变得可以忽略不计。

二项式分布的关键假设是所有硬币都是相互独立的。特别的是，没有什么外部因素能让大批硬币出现正面或背面。若二项式分布中缺乏异常值，则独立性假设至关重要。

2008年的金融危机就是独立性假设不成立的一个绝佳实例。为了便于说明，我把情况稍微简化一下。假设你的投资组合有1000笔高风险10万美元抵押贷款，还清每笔贷款（指全部的10万美元）的概率是75%，违约的概率是25%。因此，如果每个人都支付抵押贷款，你最多能获得1亿美元，但平均能获得7500万美元。抵押贷款支付者的人数可以建模为二项式分布，n=1000，p=0.75。

假设你想把高风险抵押贷款变成可以出售的低风险金融工具，方法就是出售两种债券：债券A以抵押贷款付款的形式收到5000万美元，债券B收到任何其他款项（最多为

5000万美元，但通常为2500万美元左右）。用金融术语来说，这些都是债券的不同"部分"。出现债券A的价值低于5000万美元的风险等于二项式分布小于500的概率，也就是低于10亿分之一。如果认为我们的概率可能有误，抵押贷款被还清的概率只有70%，那么受损的将是债券B。即便优先抵押出现违约的概率是25%，债券B基本上也就是炮灰，降低了债券A的风险。

然而，一切都取决于基本假设，即抵押贷款是相互独立的。如果那1000笔抵押贷款都来自同一家公司，而那家公司一旦开始裁员，那么独立性假设就不复存在。债券A将不再受大数定律的保护；如果公司陷入困境，那么无论n有多大，债券A都会变得不稳定。请注意，即使该国75%的类似抵押贷款都得到全额支付，这种情况仍可能发生；因为抵押贷款支出的可变性更强，各抵押贷款之间的相关性足以给债券A带来风险。

你可以通过人寿保险等方式做出更安全的选择。一方面，我们都知道，经济情况变差会提高风险的相关性。另一方面，当今社会发生大规模人口减少的可能性很小。

4.9.4 掷飞镖：均匀分布

均匀分布是最简单的连续型分布，如图4-14所示，它的典型特征是某个数字可能位于 a 和 b 之间的任何位置，但不会超出该范围。如果已知某个数字必须位于某一特定范围内，那么均匀分布就是有用的，在某个允许值范围内，均匀分布的概率密度保持稳定。除此之外，我们一无所知。

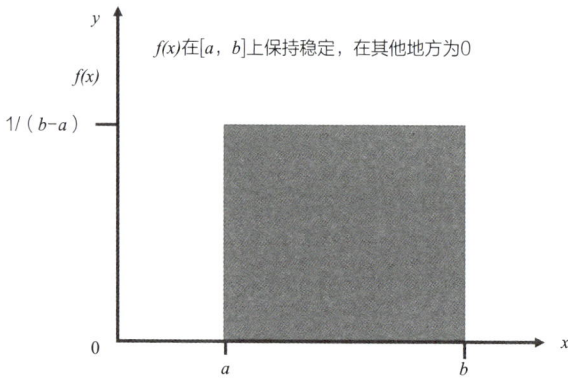

图 4-14 一个数字位于 a 和 b 之间的均匀分布示意图

4.9.5 钟形曲线：正态分布

如图 4-15 所示，经典的钟形曲线也被称为"正态分布曲线"或"高斯分布曲线"，由平均值（钟形曲线的峰值位置通常用 μ 表示）和标准差（通常用 σ 表示，表示钟形曲线的宽度）决定。正态分布曲线的尾部非常细，几乎不会出现较大的异常值。因此，要想针对真实情况进行建模，这种方法并不完美，但一般足以应付手头的任务。

在经典统计学中，正态分布无处不在，正态分布有许多实用的数学工具。目前，最重要的定理就是"中心极限定理"。

中心极限定理就是假设在概率分布中，平均值为μ，标准差为σ。如果从中取出n个独立样本，取其平均值，则该平均值近似正态分布，均值为μ，标准差为$\sigma/\sqrt{n}$。

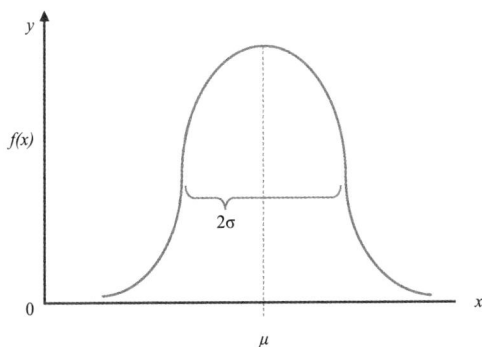

图4-15 经典的钟形曲线图

在多数实际情况中，平均值很快就会收敛为正态分布。分布中的异常值和重尾对定理没有影响，它们的收敛速度更慢。

如果你需要将基本独立的数字相加，那就可以考虑使用正态分布，例如，计算某位销售人员一年创造的总销售额是多少，某间办公室一天产生了多少垃圾或是某个工程师团队一个月编写了多少行代码。与二项式分布一样，最值得你注意的是这些数字是否相互关联。中心极限定理之所以有效，是因为高于和低于平均值的数据点通常会相互抵消，但如果数据点相关，则该定理不再成立。

4.9.6　重尾基础知识：对数正态分布 [①]

在实际情况下，对数正态分布可能是最常见的重尾分布。若将许多独立数字相加，则其总和就可以用正态分布来描述；若将它们相乘，则其乘积就变为对数正态。如果某数值按比例变化，那你应该考虑使用对数正态分布，例如以下情况。

- 一段时间内的投资回报：用投资组合每天的价值乘以一个能表明其当天表现的数字。
- 公司规模：往往与当前规模成比例地增长或下降。

对数正态分布的很多特征具有实用价值，适用于诸如净资产等现实情况：

- 可以取任何正值，但绝不能为0或负值。
- 峰值相对清晰。
- 虽然尾巴很重，但平均值和标准差都是有限数。

指数分布通常用于估算连续事件发生的时间间隔，最重要的特征是"无记忆性"；如果第一个事件发生在T秒前，而你仍在等待下一个事件，那么你额外等待的时间仍然遵循指数分布。这是几何分布的连续模拟，测量的是有偏硬币出

[①]　对数正态分布是一种显示重尾的简单概率分布，研究的情况通常包括用乘法将许多比例变化合计在一起，例如投资回报。

现正面之前你必须等待的时间。

从数学角度上讲，如果一个经典正态分布的平均值为 μ，标准差为 σ，你进行采样后取该值的指数，那么你就能从对数正态分布中采样。μ 值说明了对数正态分布的峰值位置，σ 值越大，曲线右侧的尾部更重（请注意，对数正态分布的平均值位于峰值的右侧，因为它会被单侧重尾拉起）。

一旦我认为情况会变得很严重，对数正态分布是我的首选。

4.9.7 等待：指数分布和几何分布

指数分布可用于对几个独立事件发生的时间间隔进行建模，其概率密度如图4-16所示。以下几件事发生的时间间隔呈指数分布：客户访问网站、油田中的石油钻井平台发生故障以及小行星撞击地球。指数分布的特征就是一个数字：各

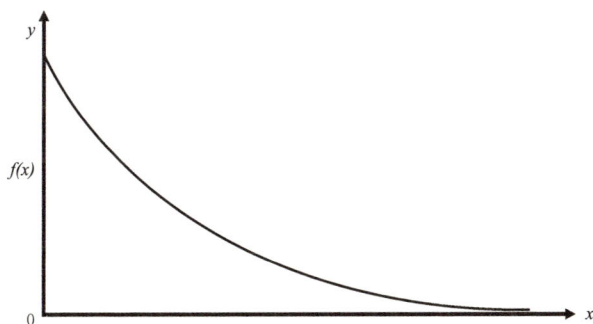

图4-16　概率密度图

事件发生的平均时间间隔。

举例来说，每过一分钟，你抛出一枚有偏硬币，如果正面朝上，则表示某件事会发生，不管结果怎样，到下一分钟，你会再抛一次。这种离散时间方法模拟的是事件是否会发生。现在，改为每秒抛一枚硬币，但是，硬币出现正面朝上的可能性是1/60，从而得出，一天内发生事件的平均数量是相同的，但事件之间的时间粒度更小。在时间粒度的限制下，各事件之间的时间呈指数分布。

这个掷硬币的例子是我经过深思熟虑的：指数分布是对离散"几何分布"的连续模拟。几何分布模拟了有偏硬币出现正面之前你必须抛出的次数。指数分布和几何分布具有许多相同的特征和应用，在实践中，二者的区别通常在于是以连续方式测量时间，还是以不同的步骤测量时间。

这两种分布都具有同一种重要特征："无记忆性"。在硬币正面出现之前，无论你是抛了10次、100次还是100万次，都无关紧要；在等待出现下一次正面之前，你抛出硬币的次数是相同的。同样，在指数分布中，等待某个事件发生的时间并不重要。剩余等待时间的平均值与以往一样。如果各事件发生的时间间隔呈指数分布，那么在下一个事件发生之前，剩余时间呈相同的指数分布。

在研究复杂系统时，通常使用指数分布来模拟各事件之

间的等待时间。如果你想要模拟符合传入请求的数据库的性
能，或者，你想要弄清超市收银台结账情况，那么指数分布
是首选。但是，还会遇到一些问题，因为事件通常是爆发式
的，在短时间内高度密集，然后归于平静。许多模拟工作都
以事件为基础，提供的估算非常不准确，因为并未考虑到爆
发式这一情况。

指数分布的另一个主要用途（我将在第4.9.8节中详述）
是模拟在某一个不可避免的事件发生之前我们必须等待的时
间。举例来说，我们可以使用指数分布来模拟办公室订书机
的使用寿命。每天都有人可能会丢失订书机，这种可能性是
有限的。在某一天丢失订书机的风险不会随着时间的推移而
增加或减少，订书机的寿命会影响人们现在对它的使用程
度。我们无法预测订书机到底何时会丢，但是，最终会有人
丢掉订书机。

4.9.8 失效：韦布尔分布

指数分布是韦布尔分布的一个特例，若要对事物的寿命
进行建模，那么韦布尔分布十分有效（例如，办公室订书机
的使用寿命、客户的忠诚期限等）。

让我们再回到订书机寿命的例子。指数分布非常适合对
此情况进行建模，但前提是，在订书机丢失时，我们便认为

订书机的寿命已结束,因此,根本无法预测订书机的寿命。但是,还存在另外两种(矛盾的)现象:

- 早期故障。有些订书机在出厂时便是不良品,订书机在可能被弄丢之前便已损坏。一个订书机的使用时间越长,它的质量就可能越好。因此,与无记忆指数分布相比,订书机使用的时间越长,可能剩余的使用期限就越长。

- 磨损。随着时间的推移,订书机会出现磨损,在正常使用时更容易损坏。因此,与指数分布和早期故障相比,订书机的使用时间越长,它的剩余使用期限可能就越短。

这就是我在进行模拟时提出的核心问题:如果订书机的使用时间更长,则意味着它的平均寿命更长(早期故障)、剩余寿命更短(磨损)或没有差异(这种情况属于指数分布)。

韦布尔分布与指数分布类似,唯一不同的就是,韦布尔分布另有一个参数能表示早期率是多少(在相反情况下,表示的是磨损情况)。

4.9.9　计算事件数量:泊松分布

如图4-17所示,泊松分布是一种离散分布,可用于表示某段时间内发生的事件的数量。表征参数为平均事件数。零事件发生的概率是有限的，实际上，多个事件可能随机发生，但概率质量集中在平均值附近的峰值处，没有重尾。

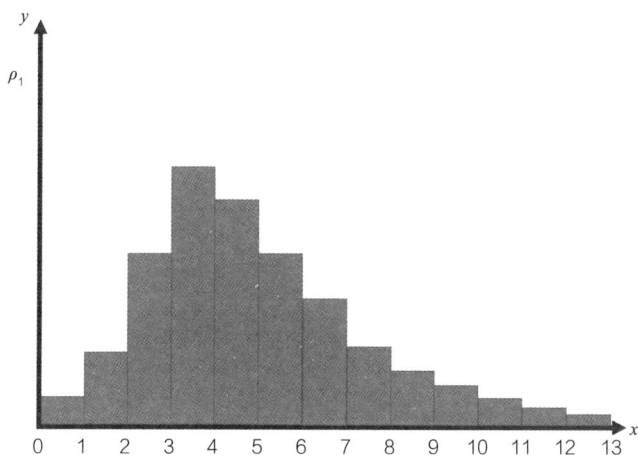

图4-17　泊松分布

假设许多独立事件都可能发生（假设全世界有100亿人，所有人都可能在某一天访问你的网站），但每个事件都不太可能发生，通常而言，只有一小部分事情会真的发生。可使用泊松分布来模拟这种情况，其关键假设是可能发生的各种事件是相互独立的。

理解泊松分布的最佳方法就是：许多独立事件都可能发生，但可能性并不大，通常来说，只有少数事件会发生。一周之内给你打电话的新电话推销员的数量服从泊松分布，美国一年内发生的车祸数量也是如此。

　　泊松分布有一个关键假设：各事件彼此独立。举例来说，如果你想对一天内某个网站的访问者数量进行建模，世界上有数十亿人，但一般只有一小部分人会访问你的网站。如果人与人之间没有互动来往，那么这种假设就是有效的。但是，如果一个人可以影响他人，例如在Facebook[①]上发布链接，那么独立性就不存在了，也不再服从泊松分布。或者，如果某些外部事件可能会影响很多人，那么每日流量反映的就是该事件是否曾发生。

　　回想一下，如果你掷n枚硬币，每枚硬币出现正面朝上的概率为p，你要计算出现正面的次数，就会出现二项分布。通常来说，会出现$p*n$个正面，在理论上，最多可能出现n个。你抛出的硬币越多，p值越小，$p*n$平均值保持不变，二项式分布就变成了泊松分布。

　　泊松分布与指数分布密切相关。如果各个连续事件之间的时间服从指数分布，且各个时间彼此独立，那么在给定时间间隔内发生的事件总数服从泊松分布。

[①]　Facebook是一个社交网络服务网站，中文名为脸书，于2004年上线，后改名为元宇宙。——编者注

第 5 章

机器学习

提到数据科学家，最为人熟知的就是他们使用机器学习模型解决问题的能力。本章将介绍什么是机器学习、使用机器学习能做哪些事情以及为了发挥其最大效能需要了解哪些关键知识。

从本质上说，机器学习是一种使用计算机作为工具，从数据中查找模式的方法，是"模式识别"的同义词。一般来说，查找的模式能作出预测，例如根据用户的网页浏览历史来猜测他们会点击哪个广告，根据患者的血液结果来预测他们是否患有癌症，或者根据在装配线上的测量结果来评估某一组件在被放入最终产品后是否仍能正常工作。

上一章讨论了如何使用数据创建、检验人类可以理解的事情。本章介绍的方法正好相反：机器学习的主要目标是设计软件程序，而这些程序能在人工参与度最低的情况下做出正确决策（就创建和检查模型而言，人类直觉可能至关重要）。

比起熟悉先前数据的人类专家，机器学习模型做出的决策通常更糟糕，有时甚至具有戏剧性。但是，机器学习模型能在几分之一秒内不停地做出大量决策。例如向用户展示推荐引擎，或者软件以不同的行为来预测人类行为，或者计算机将某事标记为值得人类留意，这些决策的逻辑很可能是由机器学习模型做出的。

5.1 监督式学习①、非监督式学习②、二元分类

　　机器学习分为两大类："监督式学习"和"非监督式学习"，这两种方法都是从历史数据中寻找模式。

　　监督式学习中存在一些特定数值（通常称为"目标"变量），我们想对数据做出预测，历史数据的正确预测是已知的。具体目标是在不知道正确答案的时候找到模式，用于预测未来其他数据的目标变量。这是迄今为止最引人注目、最有用的机器学习应用。

　　在非监督式学习中，不对任何目标变量做出预测。相反，目标是识别数据中的潜在结构，例如可能属于几个自然群体的数据点。一般来说，这类信息本身并不是我们的目

---

① 在这种机器学习方法中，有标签的数据（可能是数字）与数据点相关联，训练算法的目标是预测未来数据的标签。

② 在这种机器学习方法中，训练数据没有相关的标签，而我们想要了解其潜在结构。聚类和降维都属于非监督式学习方法。

的，是监督式学习输入的信息。

最简单、最重要的监督式学习方法是二元分类器，我们想预测的目标变量为"是/否"标签，通常认为等于1或0。一般来说，被标记的数据分为"训练数据"和"测试数据"。该算法将模式与训练数据相匹配，学习如何获得标签。通过查看该算法为测试数据给出的标签，就能衡量出该算法的有效性。之所以进行训练/测试拆分，是为了确保我们将在训练数据中发现的模式有效应用于其他测试数据中。

很多商业问题都符合这种范式。例如，你可以使用分类器作出以下预测：

- 根据实验室结果预测某位病人是否患有癌症；
- 根据网站访问者在网站上的行为预测网站访问者是否会点击广告；
- 预测正在运行的机器是否会在接下来的30天内出现故障。

最后一种情况说明的就是二元分类器的一个巧妙的商业应用。在许多情况下，对于"是/否"类问题，从数学角度看，其实并没有"正确"的答案，只是一个商业判断。可以任意选择30天作为截止日期，在实际情况下，你可以根据解决问题所需的时间作出调整。

本书将重点说明监督式学习的典型代表——二元分类

器，原因有三：

- 最有趣的应用情况通常都是二元的；

- 二元分类器几乎适用于所有与其他监督式学习相关的问题；

- 可以将二元分类器用作重要工具，解决许多其他应用情况。例如，如果你想使用50个二元分类器，给某人贴上美国某个州的标签，每个二元分类器都能区分某个州和"其他州"。

在某些情况下，二元分类器的标签等于1或0，但通常是介于1和0之间的小数，数值表明了正确答案为"是"的置信水平。

5.1.1　核实现状：获取标记数据、独立性假设

几乎所有监督式机器学习和人工智能的理论基础都建立在三个关键假设之上，而这些假设很少是100%正确的：

- 训练数据的目标变量已知是确定的，也是真正想要预测的；

- 无论你拥有的是标记数据，还是未来将预测的数据，例如掷硬币、掷骰子等，所有数据点都是相互独立的；

- 与你正在训练和测试的标记数据一样，未来数据具有

相同的统计属性。

数学家对最后两点作出总结，前提是数据点是独立同分布[①]的。如果上述所有假设均成立，那么在很大程度上，机器学习就变成了一个可以交给数据科学家的纯技术问题，但还是需要具备商业意识，才能理解何时发生故障以及如何作出解释。

在许多情况下，目标变量是确定的，情况也一目了然。例如，网站访问者要么点击广告，要么不点击广告；患者要么患有某种疾病，要么没有。但是在许多情况下，没有明显的选择。例如，假设我们是一家航空公司，想知道能否预测旅行常客是不是会流失，这样我们就能知道应该向谁发送优惠券，从而与之保持商业往来。该如何定义"流失"？可能是在某个时间点突然停止往来，可能是业务同比大幅下降，也可能是客户不再使用他们的积分卡。解释的方法当然有很多种，无论你选择了谁，许多客户都会陷入中间的灰色地带。

在此类情况下，一种常见的做法是将处于灰色地带的客户从训练分类器中剔除，只训练明确的已流失客户和未流失客户。希望分类器能为处于灰色地带的客户做出模棱两可的

[①] 独立同分布：是指一组随机变量中每个变量的概率分布都相同，且这些随机变量互相独立。

预测，大约等于0.5。至于流失本身的定义，这是一个商业问题，我只能说，简单的定义更有效。

更重要的一个假设是：数据点是独立同分布的，几乎适用于所有真实情况下的分类问题。通常情况下，你不可能拥有标记数据，来真正代表你未来想预测的数据。生产模型通常适用于未训练的情况以及数据一开始不可用的情况。例如，你可能会训练一个模型来预测一系列网站上的用户行为，但如果加入一个新网站，那么在开始产生数据前，你都无法得知该模型的有效性。每当在新情况中使用模型时，你都应该预料到性能会受到影响，必须在新情况产生数据时对其进行重新训练。

请记住，因为情况会随着时间而变化，所以未来本身就是一个新情况。在某些情况下，易辨认的大型事件会在瞬间破坏模型，但随着模式发生变化，也会出现"模型漂移"。

你面临的最棘手的问题也许就是手中数据微妙的相关性。让我再提一下前面的例子：预测一台机器是否会在30天内发生故障。假设很多年来，我们每天都能获得关于这台机器的数据统计信息，也知道所有故障发生的时间。某个星期一的数据点与下周二的数据点看起来无关，因为数据是在不同的日期收集的，但实际上它们是相关的，周一发生在机器上的任何事情很可能也会在周二发生，所以一种情况（即引

擎的状态以及是否即将发生故障）可能会伪装成两个数据
点。如果我说在故障马上要发生时，我有20个数据示例，听
起来会令人印象深刻，但之后你就会明白，这些数据表示的
只是导致同一事件失败的连续几天。

在某些情况下，可以为不同的数据点分配不同的权重，
在某种程度上能解决数据中的相关性问题。一般来说，尽管
没有数学解决方案，但是，这些问题能指导你创建机器学习
模型，在解决时要小心处理。

5.1.2　特征提取和机器学习的局限性

关于机器学习模型，最需要小心的一点是，计算机对数
据不具备任何"理解力"或"常识"。相反，计算机努力寻
找的是与预测对象密切相关的数字经验法则。至于某些经验
法则之所以有用，有的是因为人类能理解情况并作出推理，
而有的原因晦涩难懂，有的原因则纯属好运，但是计算机无
法分辨出这些差异。

有个问题一直都没有定论，那就是我们到底想通过机器
学习获得什么。是一个能描述"真实"动态的模型，还是一
个准确性最高的模型？通过分析前一种模型，人类能够深入
了解情况，更有可能概括新情况，但是忽略对人类并不友好
的数据关联性，则可能得不偿失。后一种模型的性能统计数

据通常更加出色，但这可能取决于会突然生变的偶然情况，容易产生诸如种族主义和性别歧视等严重偏见。

我会在后面的章节中就此作出更多介绍，包括深度神经网络等机器学习模型，这些模型虽然晦涩难懂，但性能强大。通常情况下（并非总是如此），本章中讨论的模型能从数据中提取数字特征，很好地量化情况的显著性，做到鱼与熊掌兼得。

现实情况是，机器学习模型能把非常简单的公式拟合到数据中。如果想让这些公式有好的表现，那么它们输入的信息就必须是有意义的。这是数据科学的核心领域之一，但遗憾的是，我不会就此作过多介绍，因为与数据科学要解决的问题一样，特征提取也种类繁多。如果你读的书与机器学习有关（包括本书），那么它大部分内容都会集中在分类器和一般模型评估方法，但大部分实际创造力和数学问题研究的都是特定问题的特征提取。

我曾提过，机器学习的主要目的是让软件能够自行作出正确判断，而人类的理解力（以特征提取的形式）就是达到目的的一种手段。这种说法不完全正确，通常情况下，我们能够选择有效的机器学习模型，对其进行逆向工程，找到它正在训练的模式，并根据这些模式做出商业决策。举例来说，你可能会发现，使用网站的某一特定功能就是用户是否流失的指标。或者说，如果机器在条件 X 下运行，且上次维修使用的是组件 Y，则可能会发生故障。在这些情况下，通过对模型进行分析，可以获得具有操作性的商业信息，优秀的特征提取可能更加重要。

5.1.3　过度拟合

机器学习的一个大问题是你会担心你的模型会学习一些适用于训练数据的模式，却无法说明情况。前面章节已概述过这种情况会出现的原因：你的数据并不能代表未来将发生的事情，但是，这种情况也会发生在完全干净、相互独立的数据点，这就被称为"过度拟合"。

回想一下，机器学习模型的工作原理是在与目标变量相关的数据中寻找模式。在某些情况下，有的模式能概括真实情况，有的模式只是巧合。例如，假设你想根据患者的DNA测试来预测某种药物能否治疗某种疾病。人类基因组中存在许多基因变异，而你的数据中可能只涉及少数患者；所有使用这种药物的人很有可能碰巧出现了一些共同的基因变异，机器学习模型把这种基因变异作为一个关键指标。实际上，它只是记住了这个特定数据集的正确答案。

一方面，输入的特征越多，某些特征就越有可能与目标变量偶然相关，模型就会被过度拟合。另一方面，你拥有的标记数据点越多，就越难发生大规模的巧合。因此，要想减少过度拟合的出现，关键在于提高标记数据点与输入特征之比。这就是特征提取很重要的原因之一：原始输入数据的数量减少了。

过度拟合是无法完全避免的，但是，我们能通过"交叉验证"来预测模型的表现，即将标记数据分为"训练数据"和"测试数据"。你可以对模型作出调整，使其适合训练数据，但你评估的只是该模型在测试数据上的表现。

有多种方法可以将数据划分为测试集和训练集，我将在第5.1.4节中进行说明。但关键概念就是模型总会出现一定程度的过度拟合，因此，你只能通过检查该模型在测试数据上的表现，才能公正地评估其有效性。

5.1.4　交叉验证策略

一般来说，你拥有的训练数据越多，模型的性能就越好；你拥有的测试数据越多，你就越能准确地衡量模型的有效性。因此，通常情况下，在生产过程运行的最终模型通常会对所有可用数据进行训练，我们希望最终模型比交叉验证期间的测试模型更为有效。

最简单的训练/测试拆分类型就是在训练数据和测试数据之间随机划分标记数据，拆分比例一般分别为80%和20%。

更严格的一种方法称为"k折交叉验证"，其中k是指某个数字。将数据随机划分为k个大小相同的数据集，用k–1个分区来训练数据，在剩余的分区上进行测试。如果重复这个过程k次，那么你就训练了k个稍微不同的模型，每个分区轮流作为测试数据。最后，对k个不同模型的性能指标求取平均值，如图5–1所示。这种方法的极端版本是"留一法"交叉验证，其中k等于你拥有的数据点的数量，每个测试数据集就是一个数据点。除了最小的数据集外，所有数据集都不太可能实现。

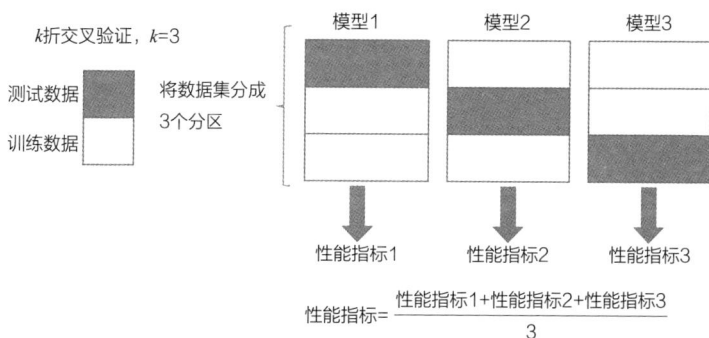

图5-1　k折交叉验证

k折交叉验证将数据集分成k个分区。每个分区都分出一部分作为留存数据，用作测试数据，而模型会在剩余的k–1个分区上进行训练。所有性能指标的平均值表示的是模型的拟合程度。

　　数据有时是几类不同的非重叠数据（男性和女性；从一个供应商处购买的机器与从另一个供应商处购买的机器等），这就属于数据"分层"现象。在这些情况下，要想使用测试数据和训练数据来说明所有数据层，就可以使用"分层抽样"，按照相同的比例，将每一层数据分为训练或测试数据。

5.2　测量性能

　　在需要进行分类的大多数商务应用下，你寻找的类别都是特定的。例如，很多库存品都可能是没用的，你想从中找出有用的物品或者找出患有癌症的患者，分类器能将相关部分标记出来。

　　分类器的性能涉及两个方面：你想把目标事物标记出来，但你也不想标记非目标事物。积极标记会带来很多假正类，如果你想投资一些发展潜力较大的股票，那么这种方法可能会非常危险。保守标记会让你遗漏许多本该标记的东西，如果你正在筛查癌症患者，那么这种方法就比较糟糕。如何在假正类和假负类之间取得平衡，这是一个无法通过分析来回答的商业问题。

在本章中，我们会介绍这两个性能指标，对分类器进行充分说明：

- 真正类率（TPR）：在分类器应该标记的所有事物中，这部分是实际被标记的。我们希望真正类率的数值很高，理想数值为1.0。

- 假正类率（FPR）：在所有不应被标记的事物中，这部分最终仍然被标记。我们希望假正类率的数值很低，理想数值为0。

我会以图表形式来说明真正类率和假正类率，在工作中，我主要也是通过图表来理解分类器。

但是你也可以选择其他指标，效果都是一样的。你最有可能看到的指标是"精确率"和"召回率"。精确率与真正类率的作用相同，所有被标记的结果都是实际应被标记的。召回率测量的是分类器的覆盖范围，在所有应被标记的事物中，这部分是实际已被标记的。

5.2.1　混淆矩阵

在说明二元分类器的性能指标时，一种常用的方法就是"混淆矩阵"。这个2×2矩阵展示的是，测试数据的每个类别有多少个数据点以及数据点应该属于哪个类别。例如

表5-1所示：

表5-1　2×2矩阵表

实际值	预测值=0	预测值=1
0	35	4
1	1	10

在上述混淆矩阵中，真正类率为10/（10+1）≈0.91，假正类率为4/（4+35）≈0.10。

5.2.2　接收者操作特征曲线（ROC 曲线）

假设x坐标为假正类率，y坐标为真正类率，以平面方框图中的一个位置来说明分类器的性能，如图5-2所示。左上

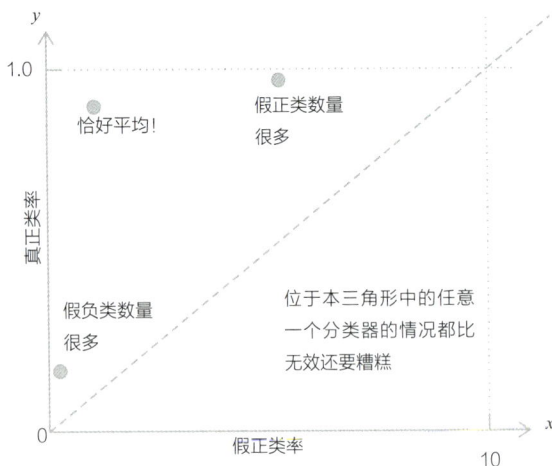

图5-2　分类器性能说明图

角的（0，1）代表完美分类器，标记的是每个没有假正类的相关项目。左下角代表不标记任何内容，右上角代表标记所有内容。如果你的分类器位于$y=x$线下方，那你的情况就比无效还要糟糕；比起实际相关的项目，不相关的项目更有可能被标记。

不能用一个数字来归纳说明分类器的性能，因为假正类和假负类是两个独立的情况。哪个情况更糟糕取决于具体商业情况。在本图中，假正类率为x轴（部分0被错误标记为1），真正类率为y轴（部分1被正确标记）。如果用1标记数据时，某个分类器表现十分出色，那么该分类器会位于右上角；如果表现不佳，则位于左下角。

到目前为止，我对分类器的解释都是从二进制角度出发的。例如，一件事物会被标记为真或假。但是，很少有分类器真的是二元分类器，多数分类器会输出某个分数，由数据科学家为被标记内容选择一个临界值。也就是说，单个分类器实际上指的就是整类分类器，对应所选临界值的位置。每个临界值都与平面方框图中的不同位置相对应，这些临界值一起构成ROC曲线，如图5-3所示。

ROC曲线说明的是分类器在其整个阈值范围内的真/假正类率。如果某个分类器性能出色，则FPR=TPR线上方会出现一个高弧。

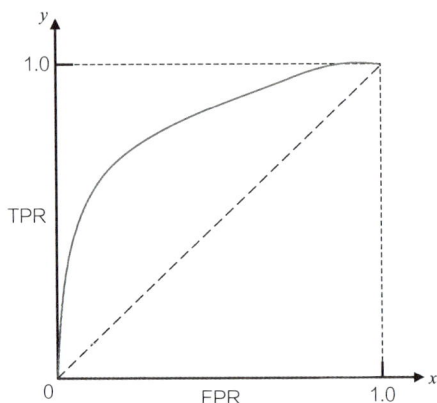

图5-3　ROC曲线

　　想象一下，分类阈值的数值一开始非常高，高到实际上什么都没被标记。也就是说，曲线要从方框左下角的（0，0）出发。一旦你放宽标准，开始标记某些结果，你的位置就会发生变化。我们希望开始标记的第一批结果都很相似，而且假正类数量很少，例如，曲线从原点开始急剧上升。在到达曲线拐点时，所有容易标记的目标就都已被标记，希望假正类数量很少。如果你继续放宽标准，那你就能开始正确标记掉队的目标，但你也会标记很多假正类。最终，所有内容都会被标记，曲线到达（1，1）。

　　如果某个分类器是以分数为基础的，我们想了解这个分类器的特征，那么用任何单一阈值的性能来作出判断是不公平的。你应该通过整个ROC曲线来进行判断，左上角突出的尖"拐点"代表高性能分类器。

5.2.3　ROC 曲线下面积（AUC）

分析整个ROC曲线的方法很全面，适用于评估分类器的整体性能，但在某些情况下，我们必须用一个数字来评价分类器的性能。例如，有时你需要获取一个数值标准，来说明分类器的某一种配置优于另一种配置。

对整条ROC曲线进行评分的标准方法是计算ROC曲线下面积（AUC）；一个好的分类器几乎能填满整个方框，其AUC值接近1.0；如果分类器性能较差，则数值会接近0.5。AUC之所以能很好地对基础分类器进行评分，是因为它没有标记分类临界点的位置。

AUC的另一个优点是它的现实意义非常明确。如果你从数据中随机选择一个为1的数据点，再选一个为0的数据点，则AUC说明的就是前者的数值高于后者的概率。

在实际情况中，AUC通常用于决定到底要使用哪一个机器学习模型，因为AUC能反映模型对数据信号的实际接收程度。如果你分析模型是为了获得商业见解，那大可不必。如果你是要将模型用于生产过程中，那么你就会面临一个问题：要在模型上设置分类阈值，哪个位置最适合。

5.2.4　选择分类阈值

直观地说，我们想设置几个阈值（也称为临界值），让分类器靠近曲线"拐点"。出于商业考虑，我们可能会靠近拐点的某一部分，具体取决于我们如何评估精确率和召回率，但也能使用数学方法来巧妙地实现这一点。在本节中，我会讨论两种最常见的方法。

第一种方法，让我们看一下ROC曲线与$y=1-x$的交点，如图5-4所示。

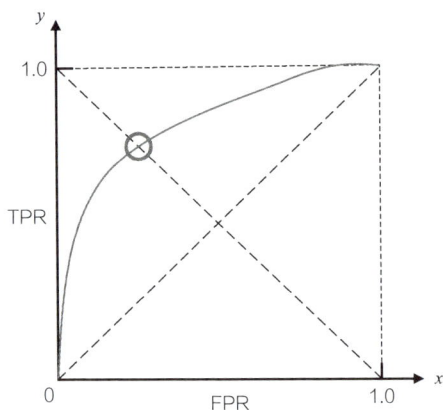

图5-4　ROC曲线与$y=1-x$的交点示意图

在本临界值处，被错误标记为1的0的数量等于被错误标记为0的1的数量。也就是说，所有最终被标记的命中部分的数量等于所有未被标记的未命中部分的数量，命中和非命

中的准确度是相同的。如果临界值不同，那么在命中情况下
分类器的性能更佳，在非命中情况下性能更差，反之亦然。
在所有其他条件相同的情况下，我会选择使用分类阈值，部
分原因是，我可以用一个数字如实回答"你的分类器有多准
确？"的问题。

　　第二种方法是查看ROC曲线达到斜率为45°的位置，即
它与$y=x$线平行的位置，如图5-5所示。这是一个拐点：若低
于此阈值，与非命中情况相比，放宽分类器要求会提高命中
情况的标记概率。若高于此阈值，与命中情况相比，放宽分
类器要求会提高非命中情况的标记概率。也就是说，真正类
率的泛化错误率（即学习器在一个样本上犯错的概率）增幅
等于假正类率的泛化错误率增幅，但仅此而已。

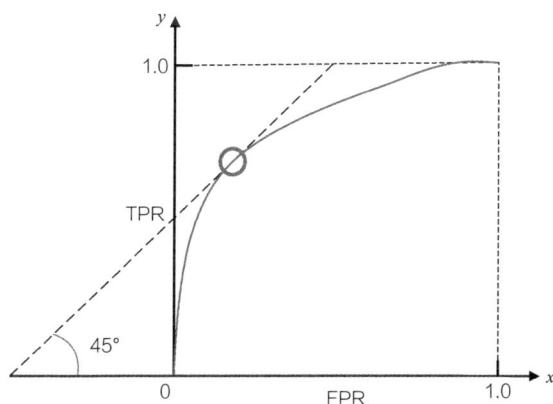

图5-5　ROC曲线达到斜率为45°的位置

在本临界值处，一旦分类阈值发生微小变化，真正类率和假正类率的增幅相同。

第二种方法可以做出归纳总结，所以也很有用。相反，你可以判定真正类率的增幅很小，且等于假正类率增幅的三倍，因为对你来说，找到更多命中情况更为重要。我从未深入研究过其中细节，但你也应该知道，如有需要，你也可以使用这种方法。

5.2.5　其他性能指标

如果你想评估一个提供连续分数的分类器的整体性能，那么AUC就是合适的指标。但是，若将分类器作为决策基础，那么基础分类器的分数等于你能获得的最佳分类器的分数。所以，你可以为分类器选择一个"合理"的阈值（根据你选择的定义），然后评估真正二元分类器的性能。

要评估二元分类器的性能，一种经典的方法就是F_1分数，等于分类器精确率与其召回率的调和平均值：

$$F_1 = \frac{1}{\left(\dfrac{1}{精确率} + \dfrac{1}{召回率}\right) / 2}$$

$$= \frac{2 \times 精确率 \times 召回率}{精确率 + 召回率}$$

完美分类器的F_1分数等于1.0，在最坏情况下等于0。值得注意的是，使用精确率和召回率的调和平均值并没有什么神奇之处，有时还会使用几何平均值计算G分数：

$$G=\sqrt{精确率*召回率}$$

你可能想使用算术平均值=（精确率+召回率）/2，但效果并不理想，标记所有内容（或根本不标记任何内容）得出的分数比零更好。

5.2.6 lift 曲线

比起ROC曲线，有人更喜欢使用lift曲线。lift曲线能捕获等效信息，即在调整分类阈值时分类器的性能变化方式，但说明方法并不相同。lift reach曲线的概念如下：

● reach指所有被标记的数据点。

● lift指所有被标记为命中的数据点除以数据总体中的命中数量。若lift为1.0，则说明你只是在随机标记，如果高于此值，则说明性能优异。

x轴为reach，y轴为lift。通常情况下，lift会从高处开始，随着reach逐渐靠近1，lift衰减到1.0，如图5-6所示。

在lift曲线中，x轴（reach）是所有被标记为1的数据。lift等于精确率（被标记为1的数据实际上为命中）除以命中情况发生的实际频率。我们认为，标记为1的数据越少，标记就越准确。如果所有数据都被标记，那么精确率就等于数据总体中1的占比。

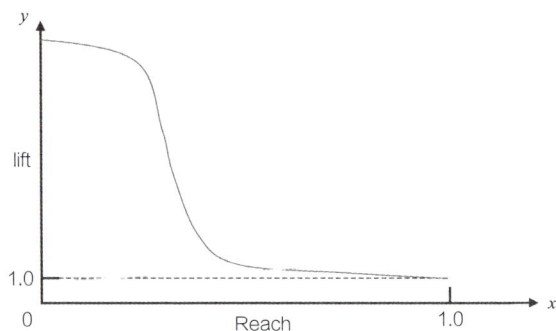

图5-6　lift曲线变化图

5.3　高阶内容：重要分类器

分类算法种类繁多，本节将介绍一些最有用、最重要的分类算法。

5.3.1　决策树

从概念上来看，决策树是最简单的分类器之一。使用决策树对数据点进行分类，相当于遵循基本流程图，决策树结构如图5-7所示。

决策树分类器与流程图有点类似。在某个变量的每个节

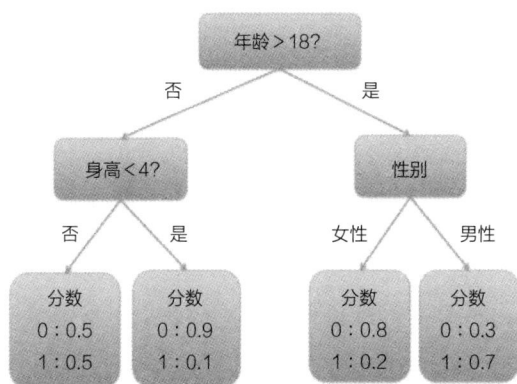

图5-7　决策树结构图

点都设置一个阈值。若低于该阈值，则选择左边，否则选择右边（对于诸如性别的分类变量来说，这是一个"是/否"问题，而不是阈值）。预测的情况位于流程图底部。

决策树上的每个节点都代表一个数据点的一个特征。如果某个特征是用数字表示的，那么整个节点就会询问这个数字是高于还是低于阈值，子节点为"是"和"否"。如果某个特征属于某一范畴，那么对应每个特征所取的数字，通常都有一个不同的子节点。决策树上的叶子节点代表被分类数据点的一个分数（或几个分数，每个分数都代表该数据点本该被标记的每种可能情况），就这么简单。

使用决策树的概念非常简单，但训练决策树完全是另一回事。一般来说，要为你的训练数据找到最佳决策树，计算过程是很难的，因此在实践中，你可以使用一系列算法来训练决策树，希望结果能接近可能的最佳决策树。一般来说，算法如下：

1.在训练数据X中找到能实现最优数据拆分的单个特征（如果该特征是用数字表示的，则还需要找到该特征的临界值）。

2.有多种方法可以量化数据拆分效果。最常见的是"信息增益"和"基尼杂质"，我暂时先不作详细介绍。

3.最优特征/临界值就是决策树的根节点，根据该节点对X进行分区。

4.在数据分区上递归训练每个子节点。

5.在以下几种情况下，停止递归：（i）分区中的所有数据点都具有相同的标签，（ii）递归预先确定的最大深度，或（iii）分区中的数据点太少，不想再把数据分开。在这种情况下，存储在此节点中的分数只是对分区中的标签进行细分。

在第5步中，进行数据分割的最大决策树深度和最小数据点都是我们可以调整的参数，目的是确保不会出现过度拟合。如果它们太过灵活，则训练的递归程度就会变得太高，给出的是能记住训练数据的确切答案0/1，而不是泛化性能更佳的浮点数。请注意，在许多数值库中，参数的默认值非常灵活。

决策树非常容易理解，但是令人惊讶的是，决策树很难得出真实结论。分析前几层当然很有趣，也能知道哪个特征更重要。但是，除非你想从训练阶段就开始仔细剖析基尼杂质，特征及其临界值的现实意义一般都有些模糊。即使你选择对其深入剖析，仍然存在一个非常现实的风险：相同的特征会影响决策树某个节点的命中情况，而影响另一个节点的非命中情况。这到底是什么意思呢？

我不经常在重要工作中使用决策树。但是，由于决策树容易理解且分类速度快，所以非常有用，如果你的合作伙伴并不了解机器学习，对黑匣子模式也心存警惕，那么决策树使用起来就特别方便。最重要的是，决策树可用作构建随机森林分类器，我将在下一节对此进行说明。

5.3.2　随机森林分类器

如果别无选择，只能使用一种分类器，那我一定选择随机森林分类器。这一直是最准确、最强大的分类器之一，因其数据集的特征种类繁多而为人所知，但其特征都没有提供有用信息，也都未被清理，能产生大量结果。

基本概念十分简单。随机森林是决策树的集合，每个决策树都在训练数据的随机子集上进行训练，而且只能使用随机的特征子集。随机化中不存在相互协调，可以将特定数据点或特征随机插入所有决策树、零个决策树或者任何数量的决策树。某一个数据点的最终分类分数等于所有决策树的分数的平均值（在某些情况下，将决策树视为二元分类器，记录以特定方式说明的所有决策树）。

我们都希望不同的决策树能学会不同的显著模式，而每个决策树只会在当前模式下作出肯定猜测。这样一来，如果需要对一个点进行分类，那么几个决策树肯定能正确完成分类，其他决策树会保持中立，也就是说，整个分类器会逐渐靠近正确答案。

随机森林中的单个决策树容易出现过度拟合现象，但这些决策树往往会以不同的方式随机过度拟合。这些过度拟合大部分能实现相互抵消，从而产生一个强大的分类器。

随机森林分类器的问题在于：缺乏真正的商业意义。对人们来说，这种分类器晦涩难懂，且性能平平。

针对数据集中的任何特征，我们可以使用随机森林分类器来计算"特征重要性"分数。这些分数并不透明，不能为其赋予特定的现实意义。在训练数据中的几个点之间随机交换第k个特征，便能算出第k个特征的重要性，也能看出特征随机化对性能的负面影响有多大（对逻辑进行扩展操作，确保随机数据点没有被输入在非随机版本上训练的决策树中）。在实践中，特征列表通常是已知的，再结合老式的数据分析，你就能理解其中的真实含义。但是随机森林本身并不会提供什么信息。

5.3.3　集成分类器

随机森林分类器是一种最著名的"集成分类器"。集成分类器是指在不同的随机条件下（此处是指随机选择数据点和特征）训练各种各样的分类器（此处是指决策树），将其结果聚合起来。直观地说，如果每个分类器的性能稍微好一些，且不同的分类器之间的相关性不是很强，那么整个集成分类器就能真正实现正确分类。总的来说，根据大数定律，可以使用原始计算能力代替专业知识或复杂的数学知识。

5.3.4　支持向量机

老实说，我个人比较讨厌支持向量机（SVM），但这是最著名的机器学习分类器之一，因此对其有所了解也很重要，但我有几点不满。首先，支持向量机对线性可分性的数据做出了过度假设。这种假设通常是错误的，偶尔从数学角度看也是不合情理的。有时，某些黑客技术能找到这个假设的替代方法，但并不道德，也没有先验方法告诉我们哪种（如果有的话）黑客技术会在特定情况下起作用。支持向量机是为数不多的基本二元分类器之一，不能提供可用于评估分类器置信度的连续值"分数"。如果你想获得一些业务见解，那么支持向量机就令人恼火了；如果你需要了解"灰色区域"的概念，那么不能使用支持向量机。

即便如此，支持向量机还是很受欢迎的，原因包括：直观简单，使用的数学知识巧妙简练，且易于使用。另外，如果你的选择很合适，那我之前提到的黑客技术可能会非常强大。

支持向量机的核心概念如图5-8所示。其实就是将每个数据点都视作d维空间中的一个点，再寻找一个将两个分类分开的超平面。假设这样的超平面实际上是存在的，该假设被称为线性可分性。支持向量机的训练工作包括绘制超平面，而超平面须符合两个条件：①超平面能将数据集分离；②超平面位于两个分类间的"空隙"中。具体来说，超平面的"间隔"很小（它与A类中最近点之间的距离，它与B类中最近点之间的距离），你要选择能将间隔最大化的超平面。

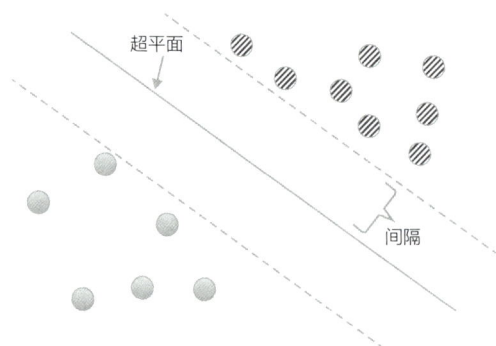

图5-8　支持向量机的核心概念

支持向量机寻找的是一个能将训练数据分为0和1的超平面。

超平面的计算方程为：

$$f(x) = w \cdot x + b = 0$$

其中，w是垂直于超平面的向量，b代表它与原点的偏移量。为了对点x进行分类，只需计算$f(x)$，确认它是正数还是负数。分类器的训练工作包括找到能分离数据集的w和b，同时实现最大间隔。

这个概念被称为"硬间隔"支持向量机。然而，在实践中，训练数据中通常不存在能完全分离两个分类的超平面。直观地说，如果任何点位于超平面的错误一侧，则给予惩罚，这样就能找到一个几乎能分离数据的最佳超平面。要做到这一点，就需要使用"软间隔"支持向量机。

支持向量机的另一个大问题是，如果特征和数据点的数量相同，无论如何标记各个点，都能确保有一个能实现分离的超平面。这就是在高维空间的诅咒之一。你可以把降维（我将在后续章节中讨论）作为一个预处理步骤，但如果你只是将高维数据插入支持向量机中，那么过度拟合几乎一定会发生。

普通支持向量机最显著的问题就是线性可分假设。在图5-9所示的数据集上，支持向量机完全失败了，因为两类数据点之间没有线。模式看上去很清楚，一个分类靠近原点，另一个分类离原点很远，但支持向量机无法分辨。这个问题的解决方案是"核函数支持向量机"，对支持向量机做出非常强大的泛化。核函数支持向量机的概念是：首先将数据点映射到决策边界呈线性的其他空间，再在该空间进行支持向量机操作。

在图5-9中，如果在x轴上绘制到原点的距离，在y轴上绘制角度θ，那就能得到图5-10中的线性可分情况。一般来说，核函数支持向量机需要得到函数Φ，Φ能将d维空间中的数据点映射到某个n维空间中的数据点。在我的示例中，n和d都等于2，但实际上我们通常希望n大于d，以增加线性可分性出现的可能性。如果你能找到Φ，那就万事大吉了。

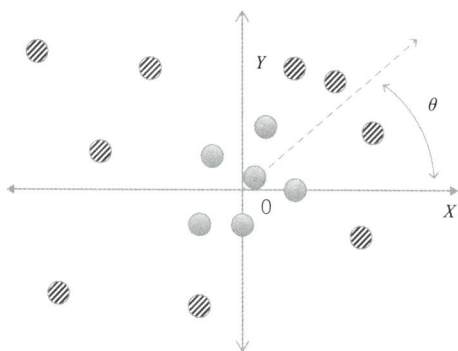

图5-9　支持向量机示意图

支持向量机的主要弱点是一般不存在超平面。在这种情况下，模式足够清晰，靠近原点的点是实心的，离原点较远的点是灰暗的，但是，没有平面能将这些数据分隔开。

有时会将数据映射到不同的空间，要是一个超平面能将这两个分类隔开，便能解决线性可分性问题。诀窍就是找到映射！

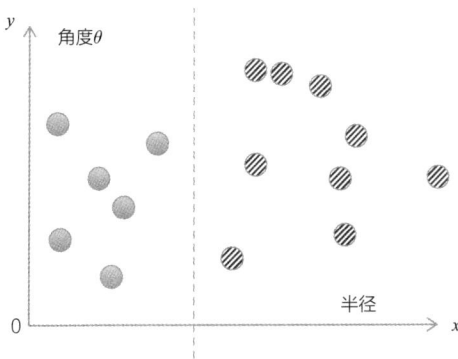

图5-10　线性可分示意图

这里的计算关键点是：你永远不需要计算 Φ 值本身。在进行详细数学推算时，事实证明，每当你计算 $\Phi(x)$ 时，$\Phi(x)$ 总是核函数的一部分：

$$k(x, y) = \Phi(x) \cdot \Phi(y)$$

核函数会在原始空间中取两个点，在映射空间中得出它们的点积。也就是说，映射函数 Φ 只是一个抽象概念，我们不需要直接计算 Φ，只需要关注 k。在许多情况下，直接计算 k 比计算 $\Phi(x)$ 中间值要容易得多。通常情况下，Φ 是指大规模高维空间甚至无限维空间的复杂映射，但会将k的表达式简化为简单易处理的非线性函数。这种只使用核函数的方式被称为"核函数方法"，最终将其用于支持向量机之外的区域。

并非每个能接受两个向量的函数都是有效的核函数，但是很多都是。一些最流行的核函数通常内置于函数库中，例如：

- 多项式核函数：$k(x，y)=(x \cdot y+c)^n$
- 高斯核函数：$k(x，y)=\text{Exp}[-\gamma|x-y|^2]$
- sigmoid函数：$k(x，y)=\tanh(x \cdot y+r)$

大多数核函数支持向量机框架都会提供可以立即使用的核函数，也可以让用户定义自己的核函数。不过对后一种方法要格外小心，因为使用者通常需要确保他们定义的所有内容都符合核函数的数学标准。

5.3.5   逻辑回归

逻辑回归是一个很有效的通用分类器，既能实现准确分类，又能对真实情况作出解释。我认为逻辑回归就是支持向量机的一个非二进制版本，根据数据点与超平面的距离，使用概率为数据点打分，而不是将超平面作为一个确定的临界值。如果训练数据几乎呈线性可分，那么所有不在超平面附近的数据点的预测置信度都会接近0或1。但是，如果这两个分类在超平面上呈分散状态，很多预测会更加柔和，只有远离超平面的数据点会获得置信度分数。

在逻辑回归中，一个数据点的分数等于

$$p(x) = \frac{1}{1+\text{Exp}[w \cdot x + b]}$$

请注意，$\text{Exp}[w \cdot x + b]$ 使用的 $f(x)$ 和支持向量机中的 $f(x)$ 是相同的，其中 w 是为每个特征赋予权重的向量，b 是实值偏移量。使用支持向量机时，我们要看 $f(x)$ 是正数还是负数，但在逻辑回归中，我们会将 $f(x)$ 插入sigmoid函数中：

$$\sigma(z) = \frac{1}{1+\text{Exp}[z]}$$

与支持向量机一样，起划分作用的超平面是由 $w \cdot x + b = 0$ 定义的。在支持向量机中，该超平面是二元决策边界，但在这种情况下，超平面的 $p(x) = 1/2$。

sigmoid函数在机器学习中也会出现，所以也有必要稍微了解一下。如果你绘制的 $\sigma(x)$ 和图5–11相似，则 $\sigma(0)$ 等于0.5。当参数增加到无穷大时，数值接近1.0，当它达到负无穷大时，数值变为0。直观地说，要想求取"置信权重"，将其置于区间（0，1.0），并将其视作概率，sigmoid函数是一种好方法。sigmoid函数还具有许多方便使用的数学属性。我们将在神经网络的章节再次进行说明。

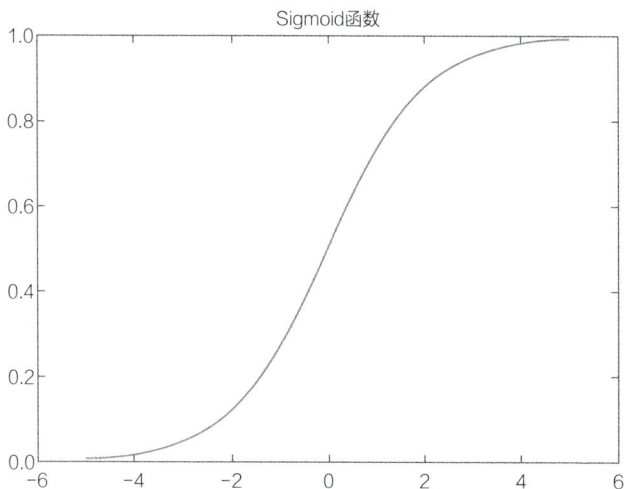

图5-11　Sigmoid函数图

很多机器学习领域都有Sigmoid函数的身影。可以使用Sigmoid函数计算置信度权重（可以取任何值），数值位于0到1。权重值为负数时，置信度权重值接近0；权重值为正数时，置信度权重值接近1；权重值为0时，置信度权重值等于0.5。

从经过训练的逻辑回归模型中提取现实意义也很容易：

- 如果w的第k个分量的数值很大且为正数，那么第k个特征的数值大，说明正确标记为1。

- 如果w的第k个分量的数值很大且为负数，那么第k个特征的数值大，说明正确标记为0。

- 通常情况下，w的元素越大，决策边界越紧，越接近支持向量机。

请注意,为了让这种操作变得有意义,在进行数据训练之前,必须将所有数据设置为相同的比例;如果最重要的特征恰好也是最大的数字,那么其系数就会很小,小得令人误解。

逻辑回归的另一个优点是数据存储和使用非常有效。整个模型仅包含$d+1$个浮点数,用于计算权重向量的d分量和偏移量b。执行分类操作只需要d次乘法运算、d次加法运算和一次sigmoid函数计算。

5.3.6 套索回归

套索回归是逻辑回归的一种变体。逻辑回归的问题之一是,你可以拥有许多不同的特征,所有特征的权重都很适度,但明显有意义的几个特征所占权重并没有很大。这样一来,就很难从模型中提取现实意义。这种过度拟合的形式比较狡猾,模型的泛化能力很差。

在套索回归中,$p(x)$的函数形式与$\sigma(w-x+b)$相同,我们为每个特征分配一个权重,然后将它们的加权和插入逻辑函数中。然而,我们会以不同的方式展开训练,对中等大小的权重作出惩罚。根据惩罚的严厉程度(该参数可调整),往往会产生一个模型,大多数特征的权重接近于零,而少数特征基本上承载了所有分类权重。

能得出最佳权重的数值算法通常不使用启发式算法等方法，只是使用数字吃力地进行计算。然而，为了帮助人们作出判断，我认为可以使用一些启发式算法的例子，对求解程序可能会有用：

- 如果特征i和特征j的权重很大，但在对一个点进行分类时，二者通常会相互抵消，则二者的权重都等于零。

- 如果特征i和特征j高度相关，你可以减少其中一个特征的权重，同时增加另一个特征的权重，则预测值保持大致相同。

5.3.7　朴素贝叶斯

在机器学习领域中，贝叶斯统计是最强大、最有趣、数学知识最复杂的方法之一。然而，大部分机器学习都是在贝叶斯网络的背景下展开的，贝叶斯网络是一系列深度、高度复杂的模型，通常是为你想要描述的系统而精心设计的。数据科学家更有可能使用一个高度简化的版本：朴素贝叶斯。

我在统计学那一节中已详细介绍过贝叶斯统计。简而言之，贝叶斯分类器是基于以下判断：采用0和1作为初始置信度标签（假设这是一个二元分类问题）。当新信息出现时，你可以根据该信息在每个标签上被限制的可能性来调整你的置信度。在浏览完所有可用信息后，最终置信水平等于标签0和1的概率。

现在让我介绍一些专业知识。在训练阶段，朴素贝叶斯分类器能从训练数据中学习几件事：

- 每个标签在所有训练数据中的常见程度；
- 标签为0时，每个特征X_i的概率分布；
- 标签为1时，每个特征X_i的概率分布。

最后两点称为条件概率，具体写作：

$\Pr(X_i = x_i \mid Y=0)$

$\Pr(X_i = x_i \mid Y=1)$

若要对数据点$X = (X_1, X_2, \cdots, X_d)$进行分类，则分类器的初始置信度为：

$\Pr(Y=0) = Y=0$时训练数据的分数

$\Pr(Y=1) = Y=1$时训练数据的分数

对于数据中的每个特征X_i，假设x_i是实际值，则置信度数值等于

$\Pr(Y=0) \leftarrow \Pr(Y=0) * \Pr(X_i = x_i \mid Y=0) * \gamma$

$\Pr(Y=1) \leftarrow \Pr(Y=1) * \Pr(X_i = x_i \mid Y=1) * \gamma$

对γ进行设置，使得各个置信度之和等于1。

如果你正在使用朴素贝叶斯分类器，那么涉及的细节还

很多。例如，假设 $\Pr(X_i=x_i \mid Y=0)$ 的某种函数形式，例如正态分布等（如果一切都按照0/1抛硬币进行建模，则没什么细节需要补充，这也是为什么二元特征在贝叶斯环境中非常流行的原因之一），从而在训练阶段进行拟合。我们还需要具备处理过度拟合的能力。

但最大的问题是，我们认为每个 X_i 都独立于其他 X_j。在真实数据中，X_5 与 X_4 可能高度相关。对于 X_5，我们真的不应该调整置信度，因为 X_4 已经考虑到了这一点。无论是什么潜在因素导致了 X_5 与 X_4 之间的高度相关性，我们都要对此进行重复计算。因此，虽然可能令人惊讶，但在实践中，朴素贝叶斯是一个非常强大的分类器。我的想法是这样的：如果 X_4 确实是一个强大的预测变量，而我们在重复计算 X_4，那么可能会导致我们过于自信，但我们一般是在正确的方向上过于自信。

5.3.8　神经网络

神经网络曾经是分类器的害群之马，但最近又再次流行了起来，尤其是它的复杂变体"深度学习"。神经网络与贝叶斯网络都很庞大，成为许多人的职业选择。但是，基本神经网络就是你在机器学习中看到的标准工具。它们使用简单，是一种性能很强的分类器，能有效地从数据集中提取有趣的特征。

神经网络的灵感来自人类大脑的工作原理，但我们现在对生物电路的工作原理更加了解，很明显这种类比是胡说八道。真正复杂的深度学习堪比真实大脑的某些部分（也许我们对大脑还不够了解，还没有看到大脑的不足之处），但是如果发现深度学习有任何不足之处，那我们应该记得，这只是一个分类器。

最简单的神经网络是感知器。感知器是一个"神经元"网络，每个神经元能接受多个输入，并产生一个输出，如图5-12所示。

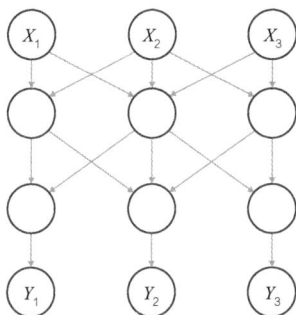

图5-12　感知器是具有单个隐藏层的神经网络

已标记节点对应的是一个分类的输入变量或一系列输出变量。其他节点是神经元。第一层的神经元将所有原始特征作为输入，将它们的输出作为输入馈送到第二层，依此类推。最终，最后一层的输出就是这个程序的输出。最后一层之前的所有神经元层都被称为"隐藏"层（我绘制的图中便有一个隐藏层）。与其他分类器不同，神经网络能够非常有组织地产生任意数量的不同输出，每一个都对应于最后一层中的每个神经元。在这种情况下，有三个输出。一般来说，你可以使用神经网络来完成分类以外的任务，将输出视为通用数值向量。但是，在分类任务中，某个数据被分类为第i个类别，我们通常将第i个输出作为第i个类别的分数。

神经网络的关键在于，每个神经元如何根据它的输入确定输出，这被称为"激活功能"。有许多选项供你选择，我见的最多的就是大家所熟知的sigmoid函数。如果i表示某个特定的神经元，且j的范围包括其输入，那么：

$$\text{激活值}_i = \sigma\left(b_i + \sum_j w_{ij} * \text{输入值}_j\right)$$

实际上，系统中的每个神经元都是自己的小逻辑回归函数，作用于该神经元的各输入。没有隐藏层的神经网络只是逻辑回归量的集合。

神经网络并不是我经常使用的工具。简单神经网络（例如感知器）的效果一般，而复杂的神经网络是一个非常专业的领域。我更喜欢集成分类器，我更信赖大数定律，而不是深度学习的伎俩，但仅为个人意见。神经网络是一个热门领域，正在解决的问题也非常令人赞叹。神经网络很有可能会成为数据科学工具包中更强大、更标准的工具。

5.4 数据结构：无监督式学习

在先验未知的情况下，该如何研究数据潜在结构？本节介绍的就是有关方法。之所以通常称为"无监督式"学习，是因为它与分类和回归不同，并没有我们希望匹配的外部已知事实。研究数据集结构的主要方法有两种：聚类和降维。

聚类分析是指将数据点分为多个不同的"簇"。这种操作通常是希望不同的类别能对应不同的现象。例如，如果将人们的身高绘制在x轴上，体重绘制在y轴上，你会看到两种或多或少清晰的斑点，分别对应男性和女性。一个对人类生物学一无所知的外星人如果看到这个图标，就会假设人类可以分为两种不同的类型。

降维不是为了在数据中寻找不同的类别。相反，在很大程度上，不同的字段是多余的，我们想从数据中提取真实的潜在可变性。例如，在高分辨率图像中，相邻像素的数值往往非常相似，我们希望将其归结为数量少得多的总结数字。从数学角度来看，数据是d维的，但实际上，所有数据点只属于该空间的k维子集（$k<d$），还有一些d维噪声。在3D数据中，几乎所有数据点可能都位于一条直线上，或者一个曲线圆上。当然，实际情况通常没有那么干净利落。更有用的一个方法是，k维能捕获数据中"大部分"可变性，你可以根据你想重新输出的信息量来让k值变得更大或更小。

聚类和降维之间的一个关键实际区别是，聚类通常是为了展示数据的结构，而进行降维操作多是为了解决计算问题。例如，如果你正在处理声音、图像或视频文件，则d的数量可能达到几万。处理数据就变成了一项庞大的计算任务，如果维数多于数据点，则会导致一些基本问题（即下一节中的"维度之咒"）。鉴于此，无论你是不是真的对数据的潜在结构感兴趣，对于你想做的任何分析来说，降维基本上都是先决条件。

5.4.1　维度之咒 [1]

高维空间中的几何构造很奇怪。这点之所以很重要，是因为机器学习算法具有d个特征，可用于对特征向量进行操作，而这些向量存在于d维空间中。如果特征是指某个图像中的所有像素值，那么d值可能会非常大！在这些情况下，

---

[1] 维度之咒是指高维数据中出现的各种数学问题，与其有关的事实通常是：比起低维数据，高维数据点普遍相距更远。

算法通常会出现故障，最好的解释就是高维几何形状出现异常，即所谓的维数祸根。

这里的重点是，如果你希望算法运行良好，那你一般需要采用某种方法，将你的数据压缩到维度较低的空间中。没有必要过度关注维度之咒，否则只会徒增烦恼。

但是，如果你感兴趣，那么我就简单介绍一下高维度空间中发生的事情。总的说来，问题在于，在高维度空间中，不同的点彼此离得很远。如图5-13所示，d维立方体的每条边的长度为1，我随机抽取了1 000个点，制作了一个直方图来说明所有点之间的距离。

"维度之咒"描述的是高维空间的众多几何特性，相对于二维空间和三维空间，这些特性看起来非常奇怪。在（a）中，我们从一个二维正方形（边长为1.0）中随机抽取500对数据点，为它们之间的距离制作一个直方图。你可以看到数据分布很广，有的点对相距很远，有的靠得很近，大多位于中间。（b）中的操作是同样的，唯一不同的是，数据点取自一个500维超立方体。几乎所有点对之间的距离都差不多。这类属性会混淆许多机器学习模型和其他分析技术，因此，要处理包含许多数值字段的数据，降维通常是一个重要部分。

你可以看到，$d=500$，在立方体中，两点之间的距离几

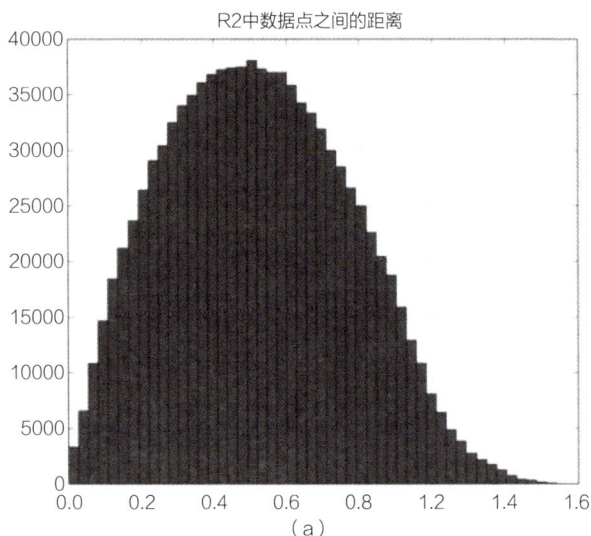

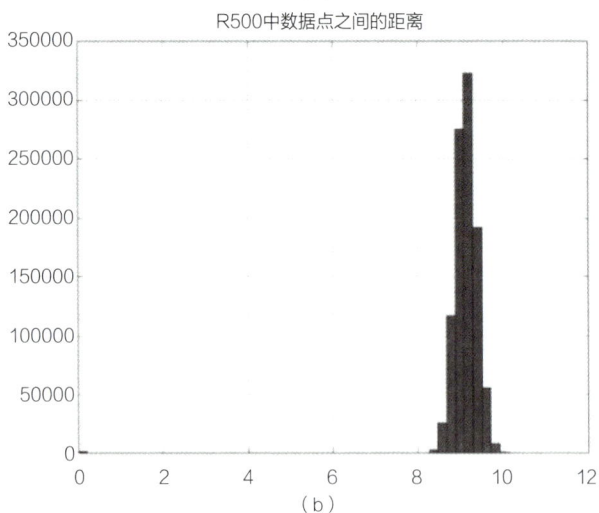

图5-13 高维空间中的几何构造

乎总是相同的。如果你对球体进行类似模拟，那么你会发现，几乎所有高维球体的质量都位于其外壳中。

听起来很奇怪？没错，这就是我们要进行降维操作的原因。

5.4.2　主元分析法[①]和因子分析

毫无疑问，降维算法的鼻祖是主元分析法（PCA）。

从几何上讲，主元分析法假设：d维空间中的数据呈"足球形状"，这个椭圆形的数据团沿着某些轴伸长，在其他轴上变窄，通常没有很多异常情况，如图5-14所示。

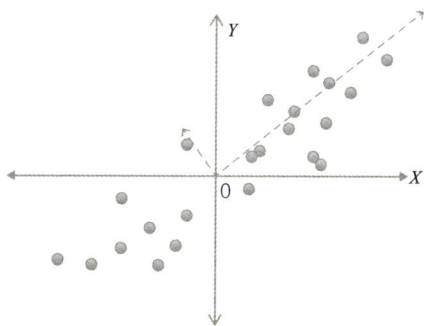

图5-14　主元分析法示意图

如果数据中的许多字段以相同的步伐移动，那么从某种意义上说，实际上是自由度。从几何图形角度来看，高维数

---

① 主元分析法是最流行的降维技术之一，将高维空间中的数据点以线性方式映射至数据变化量最大的较小子空间上。

据主要位于低维子空间。主元分析法就是利用了这一点，假设数据在某个方向上比另一个方向分布得更多。主元分析法能确定可变性最强的方向，得出它们在数据变化中的占比。

直观地说，数据"确实"是一维的，位于$x=y$线上，但某些随机噪声会稍微扰乱每个数据点。无须为每个点提供x和y两个特征，仅使用一个特征$x+y$，你就能获得一个良好的近似值。可以从两个角度看待这个问题：

- 我们直观地认为，$x+y$可能是数据背后的真实特征，而x和y是已知的。比起其任何实际原始特征，使用$x+y$提取的特征更有意义。

- 从数学角度来看，处理一个数字的计算效率要比两个数字高。在这种情况下，只要$x+y$已知，你就能非常准确地预估x和y。从数值角度说，使用一个数字而不是两个数字，就可以让我们避免维度的诅咒。

使用主元分析法，我们可以（i）确定哪些"正确"特征（如$x+y$）能采集数据集大部分结构；（ii）从原始数据点中提取特征。

更专业地说，主元分析法能帮我们理解d维向量的集合，获得长度为1的d个"主成分"向量的集合，即p_1、p_2、...和p_d。数据中的点x可以表示为

$$x=a_1p_1+a_2p_2+...+a_dp_d$$

但是，通常情况是，当选择p_i时，a_1远大于另一个a_i，a_2大于a_3及其以上，等等。因此实际上，前几个p_i通常能反映数据集中的大部分变化情况，x是前几个p_i的线性组合，再加上一些小修正项。在主元分析法的理想情况下，众多特征高度相关，例如，在一张照片中，相邻像素的亮度可能相似。

5.4.2.1 碎石图①和理解维度

在选择主元分析法时，我们认为数据集"真的"是一维的，而主元分析法的目标之一是弄清需要多少个成分才能捕获数据集的大部分结构，从而提取该数据集的"真实"维度。实际上，很少能这么清楚。相反，你能知道哪些成分是最重要的。

通常情况下，我们会在"碎石图"中绘制不同主成分的重要性（严格来说，重要性等于该成分解释的数据中总方差的比例），如图5-15所示。

碎石图显示了每个主成分解释的数据中总方差的比例。在本图中，当成分的数量大于6时，其余成分对应的比例很低。

x轴表示当前正在分析的某个成分，比如第n个。y轴表示该成分对应的数据可变性。在该图中，我们可以看到，在

---

① 碎石图显示了每个主成分解释的数据中总方差的比例，用于衡量数据的"真实"维度。

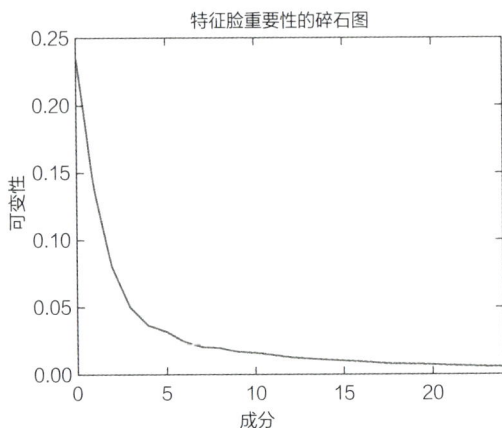

图5-15　碎石图

大约六到七个维度之后，被解释的可变性开始趋于平稳，变为嘈杂的基线。

5.4.2.2　因子分析

有一点需要说明：主元分析法与因子分析的统计技术有关。从数学角度讲，它们是一样的：你会发现坐标有所变化，数据中的大部分方差都存在于第一个新坐标中，第二个坐标中的数据量为第二，依此类推。术语之所以不同，实属意外：二者是独立开发的，在不同领域的应用方式也非常不同。

一方面，在主元分析法中，经常出现降维；你会知道需要多少新坐标才能捕获大部分数据的方差，然后将数据点减少为几个坐标，以便插入分类器中。

另一方面，因子分析更侧重于确认观测数据出现的"起因"。一个重要的示例就是智力研究。我们认为，许多不同领域（数学、语言等）的智力测试都具有相关性，相同的潜在因素可能会影响众多不同领域的智力测试结果。研究人员发现，"g因子"约占不同智力测试之间方差的一半。本书通常是从主元分析法的角度来展开分析，但你应该了解，这两种方法都是有用的。

5.4.2.3 主元分析法的局限性

主元分析法有三大问题：

- 为了获得具有可比性的标准偏差，所有维度都需要按一定比例调整。如果你随意将一个特征乘以一千（也许是以毫米而不是米为单位来测量距离，原则上讲，并不会改变数据的实际内容），那么主元分析法会认为，该特征对数据集方差的贡献更大。如果使用主元分析法分析图像数据，那么这种情况很可能不是什么大问题，因为所有像素的调整比例都相同。但是，举例来说，如果你想使用主元分析法分析人口统计数据，那么必须将人们的收入和身高值按相同的比例进行调整。除此之外，主元分析法对异常值非常敏感。

- 主元分析法假设数据呈线性。如果数据集的"真实"形状是在高维空间中弯曲成弧形，那么它会被模糊成几个主成分。主元分析法对降维仍然有用，但成分本身的意义可能不大。

- 若使用主元分析法分析人脸图像或类似图像，则图片的核心部分需要相互对齐。举例来说，如果不同图片中的眼睛被不同像素所覆盖，那么主元分析法的用途就非常有限。如果图片未对齐，那么自动对齐操作则超出了大多数数据科学家的能力范围。

5.4.3　聚类

聚类比主元分析法更为复杂。其中的原因很多，但许多原因都能归结为一个事实：主元分析法应该做的事情是清楚明确的，但我们通常不是很清楚聚类能实现的结果。然而，到底什么是"好"的聚类，并没有清晰的定义；你的每种建议可能都会面对各种非常合理的反对意见。唯一真正的指标是聚类能否反映一些潜在的自然分割情况，如果自然分割部分是已知的，那为什么还要进行聚类？这点就很难评估。

要想了解聚类，要注意几点：

- 如果数据点都落在一个连续统一体上，将会怎样？这种情况彻底混淆了聚类的概念。我该怎么处理？

- 聚类能重叠吗？

- 我想要的聚类是什么形状？像漂亮紧实的小球，还是像甜甜圈？

5.4.3.1 对聚类的真实评估

稍后我将讨论一些评估聚类质量的分析方法。其中最有用的一种方法就是Rand指数，你可以将聚类与一些已知基本事实进行比较，从而确定聚类应该的样子。

但是，一般来说，基本事实是未知的。究竟什么是好的聚类？这个问题完全是开放式的。在这种情况下，我建议进行一系列合理性检查。我比较中意的检查项目包括：

- 根据未用作聚类输入的特征，计算每个聚类的概括统计量。如果聚类对应于现实世界中的不同事物，那么未实现聚类的方式应该有所不同。

- 从不同聚类中随机抽取一些样本，进行手动检查。如果样本来自不同聚类，看起来会不同吗？

- 如果你的数据是高维的，请在二维空间中使用主元分析法，并绘制散点图。聚类看起来会不同吗？如果你能从现实角度对主成分作出解释，那么主元分析法就特别有用。

- 忽略主元分析法。从你关心的数据中选出两个特征，然后在这两个维度上绘制一个散点图。聚类看起来会不同吗？

- 尝试一种不同的聚类算法，你会得到类似的聚类吗？

● 对数据随机子集重新进行聚类，你会得到类似的聚类吗？

另外一个重点是：如果已经找到多个聚类，那么将来能否将新数据点分配至其中一个聚类。关于某个数据点应在哪个聚类中，某些算法有明确的标准，因此很容易标记未经训练的新数据点。然而，在其他算法中，聚类是由其中包含的数据点来定义的。要将一个新数据点分配至一个聚类，需要重新聚类整个数据集（或进行某种类似的巧妙修改）。

5.4.3.2　k均值聚类算法

k均值聚类算法是最容易理解、实现和使用的算法之一。具体来说，d维空间中存在多个向量，将这些向量划分为若干个紧凑且互不相交的子集，每个子集都被称为一个簇。我再强调一次：需要进行推测的聚簇很紧凑（不是环状，也不是特别细长的），也没有重叠。

簇的经典算法非常简单。选取k个聚类中心，把每个数据点分配给距离它最近的聚类中心，进行迭代求解，再重新计算新的聚类中心。伪代码如下：

（1）初始聚类中心有k个；

（2）将每个数据点分配给距离它最近的聚类中心；

（3）重新计算每个聚类的中心，将其作为所有分配数据点的平均值；

（4）重复（2）和（3），直到满足某个停止条件。

如果在操作一开始时并不存在聚类，那么很多巧妙的方法都能初始化聚类，并确定它们何时能变得足够稳定，从而停止操作，但除此之外，算法非常简单。

k均值聚类算法的一个特点很有趣（有时是优点）：如果k大于数据中"实际"簇的数量，将一个大的"真实"簇分成几个，并进行计算。在这种情况下，与其说k均值聚类算法是一种识别聚类的方法，那么把它称为一种数据集分区方法更为合适，如图5-16所示，其中$k=3$，但"确实"有两个簇。

k均值聚类算法确认的"簇"实际上只是空间区域，尤其是当k不等于数据中"真实"簇的数量时。

图5-16　k均值聚类算法

这类情况经常发生，可以使用轮廓系数来计算不是很明显的簇。

k均值聚类算法的结果可以非常轻松地应用于新数据，

只需将新数据点与每个聚类中心进行比较，然后将其分配至离它最近的聚类中心。

一定要注意的一点是，无论如何都无法保证能找到最佳聚类。因此，通常会使用不同的随机初始聚类中心，重新开始几次。

5.4.3.3 高阶内容：其他聚类算法

高斯混合模型（GMM）

大多数聚类算法的一个关键特征是将每个数据点都分配给一个单独的簇。但实际上，许多数据集都包含一个很大的灰色区域，而混合模型是一种捕捉方法。

你可以将高斯混合模型视为 k 均值聚类算法的一种版本，能捕获灰色区域的概念，在将某一个数据点分配给某一特定聚类时，计算出置信区间。

可以将每个簇都建模为一个多变量高斯分布，具体模型包括：

（1）簇的数量；

（2）每个簇中所有数据点的比例；

（3）每个簇的均值及其 $d \times d$ 协方差矩阵。

在训练高斯混合模型时，计算机会保持一个连续的置信度，说明每个数据点位于每个簇中的可能性，但永远不会做出明确的判定：一个簇的均值和标准差会受到训练数据中每个点的影响，但与数据点位于该簇中的可能性成正比。如果需要对一个新数据点进行聚类，那么你就能计算模型中每个簇的置信度。

混合模型的许多优缺点都与k均值聚类算法相同：易于理解、实施；计算成本非常低；能以分布方式完成；输出清晰易懂，未来可以对其他点轻松实现聚类。除此之外，二者基本上都是对凸簇作出假设，在训练时都容易出现局部最小值的情况。

我还要说明一点，在众多混合模型中，高斯混合模型是最受欢迎的。除了高斯混合模型，你也可以使用其他模型作为基础簇，甚至也能采用高斯或其他模型来处理簇。大多数混合模型库都使用高斯，但它们基本都是使用期望最大化算法进行训练，与被建模的分布无关。

凝聚聚类

凝聚聚类是具有共同结构的通用类算法。初始簇都很小且数量庞大，每个数据点一般就是它自己的簇。之后，依次将簇合并在一起，直到它们形成一个巨大的簇。因此，输出的不是数据的单个簇，而是多个基础簇的层次结构。选择合并聚类的方式以及如何在层次结构中找到"折中"聚类，都决定了算法的细节。

比起k均值聚类算法，凝聚聚类有一个优点（取决于你选择合并聚类的方式）：聚类可以是任何大小或形状。但是，一个主要不足之处就是缺乏将新数据点分配给现有簇的合理方法。因此，要想从庞大但静态的数据语料库中获得有用的信息，其实不需要设置软件来实时处理新数据，这种方法其实更有用。

5.4.3.4 高阶内容：评估聚类结果

评估聚类结果的算法可以分为两大类。一类是监督式算法，我们了解什么是"正确"聚类，也知道我们的聚类与"正确"聚类的匹配程度。另一类是无监督式算法，我们将数据点视为d维空间中的向量，测量各个聚类之间的不同程度。

轮廓系数

轮廓系数是最常见的无监督式方法，非常适合对k均值聚类算法的输出结果进行评分，其基本概念是聚类应呈密集状态，且彼此相距较远。因此，与k均值聚类算法一样，轮廓系数最适用于大小相当、密集紧凑的聚类。轮廓系数不适用于类似甜甜圈形状且中间紧凑的聚类。

具体来说，每个点都有一个"轮廓系数"，其中，

- a=该点与同一个簇中所有其他点之间的平均距离
- b=该点与下一个离得最近的簇中所有其他点之间的平均距离

轮廓系数为：

$$s = \frac{b - a}{\max(a, b)}$$

轮廓系数始终介于-1和1。如果数值接近1，则表示b比a大得多，也就是说，平均而言，某个点更接近其自己所在簇中的其他点。如果数值接近0，则表示该点与两个簇等距，即它们在空间上是重叠的。如果数值为负，则表示该点被错误聚类。

整个簇的轮廓系数是该簇中所有点的平均系数。

轮廓系数并非完美，如图5-17所示。一个簇比另一簇大得多，二者离得很近。标出的点显然位于正确的簇中，但由于它所在的簇太大，它与大多数点都离得很远。这就导致它的轮廓系数很差，因为一般来说，比起自己所在的簇，这个点与附近簇中的点离得更近。

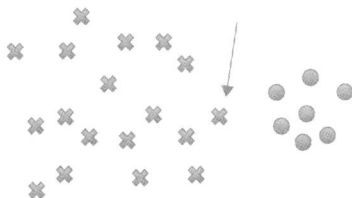

图5-17 两个不同的簇

比起自己所在的簇，标出的点更靠近另一个簇的中间位置，因为它所在的簇很大，而且很分散。即使这个点实际上是正确标记的，但它的轮廓系数很差。

但是，轮廓系数计算简单，且易于理解，如果你的聚类方案是基于类似的假设，则建议你考虑使用轮廓系数。

兰德系数和调整后兰德系数

如果我们至少知道某些点的正确聚类情况，那么兰德系数就很适用。这种方法不会匹配我们找到的簇与已知的正确簇，因为这二者之间通常没有映射。相反，它的基本概念是：应该位于同一个簇中的两个点是否真的位于同一个簇中。

如果将 x 和 y 放在同一个簇中，且现实也表明它们位于同一个簇中，那么这对数据点（x, y）就属于"正确聚类"。如果我们将 x 和 y 放在不同的簇中，而现实也表明它们位于不同的簇中，那么这对数据的聚类也是正确的。如果已知的正确簇中有 n 个点，则有 n（$n-1$）$/2$ 对不同的此类点。兰德系数就是得到正确聚类的所有此类点的比例，数值范围从0到1，1表示每一对数据点的聚类都是正确的。

兰德系数的问题在于，即使对数据点进行随机聚类，偶然也会得到一些正确的数据对，且数值大于0。实际上，平均分数取决于正确簇的相对大小；如果有很多簇，且它们都很小，那么大多数点都会偶然被正确分配至不同的簇。

"调整后兰德系数"涉及已确认簇的大小和真实簇的大小，从而解决了这个问题。之后再查看这些大小对应的兰德系数范围，按比例调整兰德系数。如果聚类分配是随机的，那么兰德系数一般等于0，如果实现了完美匹配，那么兰德系数能达到最大值1。

互信息

另一个监督式聚类效果评价指标是互信息。互信息是信息理论中的一个概念，与相关系数类似，但适用于分类变量，而不是数值变量。也就是说，在聚类环境中，如果你从训练数据中选择一个随机数据点，则能得到两个随机变量：该点应该属于的真实簇以及该点被分配到的已确认簇。问题是，如果你只知道其中一个变量，那么你能对另一个变量做出的猜测能有多准确。如果概率分布是独立的，则互信息等于0，如果完全可以根据一个变量推断出另一个，那么你就得到了分布的熵。

5.5 边做边学：强化学习[①]

我们目前讨论的机器学习技术都已应用于现有数据集中。在许多商业情境中，分析工作都是在事后完成的，在执

---

① 强化学习是机器学习的一个领域，能实时做出决策，并使用结果数据在未来做出更好的决策。

行新的分析工作之前，在数据上进行训练的任何模型都是静态的。

强化学习是一种不同的机器学习范式，其决策是实时做出的，你可以看到结果。最初的决策策略可能显得相当粗糙，但随着可用的数据越来越多，算法在反复试验中得到学习，（希望）在有效策略上进行收敛。

如果你使用的软件想实现"智能化"，但一开始并没有训练数据，那么强化学习这项技术就至关重要。在数据输入时，为了能一直使用最新模型，数据科学家会匆忙重新分析数据，这样的操作既费力又容易出错。通过强化学习，系统能自己运行，在没有人工参与的情况下实现学习和改进。当然，你还是想让数据科学家之后再仔细检查下系统性能，寻找算法可能遗漏的模式，毕竟人类的洞察力是无可替代的。

强化学习的核心概念是"如何权衡探索与利用"[①]：我们希望平衡尝试不同的策略，弄清是什么妨碍了迄今为止最有效的策略。典型的强化学习算法总是从随机决策开始。随着数据开始积累，有时会随机做出决策，有时会做出最佳猜

---

① 权衡探索与利用指的是强化学习的核心概念。一方面，你想尝试新策略，看看它们的效果如何。另一方面，你又想充分利用最有前途的策略。

测，以实现最优决策。

强化学习是算法与真实情况之间的一个合作过程。因为如果你做出不同的决定，数据看起来会有所不同，所以不能使用历史数据验证不同的模型。也就是说，强化学习的风险相对较高：你一旦选择了要使用的模型，不仅要将其投入使用，还得了解其他模型的情况。

5.5.1　多臂强盗和 ε- 贪心算法

最简单的强化学习模型是"多臂强盗"，又称多臂老虎机。想象一下，你面前有一台小型赌博机（俗称"老虎机"），这台机器有多个操纵杆，拉动操纵杆，奖金（或罚金）就会以数字形式出现。奖金是随机产生的；奖金可能来自正态分布，该正态分布具有平均值和标准偏差，可以通过抛硬币或其他方法来决定奖金是什么。这里有一个小问题：你并不知道这种随机性的参数是什么（比如硬币的偏颇程度或正态分布的平均值），它们会因操纵杆而异。如果你知道哪个操纵杆的奖金平均最高，那你就会专门拉那个操纵杆，但你必须多次随机拉动操纵杆，才能找到它。由于奖金具有随机性，因此你需要多次拉动某一个操纵杆，才能了解这个操纵杆的价值。

在许多情况下，多臂强盗都能对真实情况作出合理模拟。"操纵杆"可能是你向网站访问者展示的不同广告，希望他们点击广告。操纵杆甚至可以是不同的机器学习模型，用于为每个用户定制广告。在某些情况下，操纵杆的选择本身就是一个有趣的商业决策：如果你正在为某种商品制定不同的价格，则必须选择几种价格进行试验。

多臂老虎机的核心假设是所有的拉动都是独立的。你之前拉过哪些操纵杆，或者你一共拉了多少次，与下一次拉动可能出现的结果无关。在某些情况下，例如在网站上展示广告，这种假设是有意义的，因为访问者之间一般不存在配合。但是，如果你使用的某个系统会随时间发生变化，则老虎机可能会失败。

在多臂强盗中，最简单的强化学习算法是ε-贪心算法。在数学中，常使用希腊字母ε来表示很小的数字。在这种情况下，ε衡量的是对探索的重视程度，而不是利用。在每个时间点，拉动一个随机操纵杆的概率为ε，拉动迄今平均奖金最高的操纵杆的概率为$1-\varepsilon$。ε值越高，意味着你能更快找到平均奖金最高的操纵杆，但你会经常拉动平均奖金第二高的操纵杆。在许多生产系统中，随着时间的推移，ε会慢慢减到0，因此你最终拉动的只剩平均奖金最高的操纵杆。

5.5.2　马尔可夫决策过程[①] 和 Q 学习[②]

多臂强盗模型的一个重要缺点是所有动作都是完全相互独立的。如果每次"动作"都是完全不同的真实事件，那么这种模型很有效，但是，若我们使用的单个系统随时间变化，那么多臂强盗模型就会失败。

一种更复杂的替代方法是"马尔可夫决策过程"（MDP）。MDP和多臂老虎机很像，只是老虎机的内部状态不同。拉动操纵杆会产生奖金，但也会改变机器的状态。每个操纵杆的动作取决于你的状态。这里涉及一个概念：延迟满足。你可能想要拉动一个奖金较低的操纵杆，这样一来，你之后拉动操纵杆时的奖金就可能会更高。在多臂强盗模型中，操纵杆动作的价值等于奖金的平均值。在MDP中，该值等于奖金平均值加上所有未来奖金的预估值。

有一种算法叫Q学习，用于计算系统每个状态下每个操纵杆的价值，该值等于因拉动该操纵杆获得的奖金的平均值以及你将从未来拉动动作获得的所有奖金的"折扣"总和。

---

① 这是多臂强盗的一种更复杂的替代方法，老虎机处于某种内部状态。拉动操纵杆不仅会产生奖金，还会改变机器的状态。具体动作取决于系统的当前状态。

② Q学习是强化学习中的一种算法，用于估算在马尔可夫决策过程中的每个状态下拉动每个操纵杆时的数值。

"折扣"是指，随着你逐步获得奖金，奖金的价值呈指数衰减。例如，如果你只剩一步便能获得奖金，那么奖金的价值可能等于其全部价值的90%；如果你还剩两步便能获得奖金，则等于90%×90%=81%，依此类推。用当前奖金加上所有未来奖金的折扣总和，用一个数字表示每个操纵杆的全部价值。在经济学中，这样的概念被称为"贴现现金流"。贴现率（此处等于0.9）是一个手动设置的参数，反映了你对未来奖金的重视程度。如果你将该数值设置为零，那么情况就变成了多臂强盗。

Q学习算法有一个表格，可以估算每个状态下每个操纵杆的价值。每当你在某种状态下拉动操纵杆时，该操纵杆和状态的估值都会更新。这种更新能表明你收到的奖金情况以及你当前状态的先前估算值。在某些合理的约束条件下，Q学习算法能保证正常工作：按照定义使用"折扣"奖金，将你的预估值收敛至每次拉动的实际值。很重要的是，Q学习算法并未说明你应该拉哪个操纵杆，它会预估每个操纵杆的价值，但实际决策通常会采取ε-贪心算法。

6

第 6 章

了解工具

本章将介绍一些数据科学家使用的软件工具，讨论它们的适用情况以及如何在它们之间实现权衡。只有一节关于数据库查询的速成内容供你选读，我不会介绍软件工具的详细使用方法。

选择软件工具是分析工作的一个方面，商业人士的角色很关键，因为这个选择远远超出了数据科学家的能力范围。有些工具不是免费的，需要编写大量检查工作。各个团队和企业使用的工具是一样的，使用一种工具开发的模型可能需要用在另一种工具上。一旦作出选择，以后很难改变。

如今，技术在高速发展，到底该如何使用最新最有效的工具，企业决策者经常面临着巨大压力。在我的职业生涯早期，我遇到了很多类似的情况，有的公司在大数据技术上浪费了数千美元，而这些技术根本无法解决他们手头的问题。本章的目标就是为你提供一些相关的背景知识，让你第一次便能做出正确决策。因此，我会：

- 让你充分理解数据科学家使用的工具类型的概念；

- 向你展示这些工具涉及的权衡工作；

- 让你了解一些重要工具。

6.1 关于学习编码的注意事项

你不需要成为一名计算机程序员，也能与数据科学家展开有效合作，了解他们正在解决的问题，并使用他们的工作成果。然而，具有软件工程的实践经验并没有什么坏处，有时还大有帮助。接下来我将介绍一下编码学习。

编码学习分为两种。一种是学习编写"真正的代码"，也就是使用Python、JavaScript和C++等生产语言来开发脚本和软件工具。许多在线工具都能帮你实现这一点。如果你想成为一名兼职软件工程师或数据科学家，这就是你要努力的方向，它能让你了解这些职业的工作内容。

但问题在于，在企业中，在编码技能发挥作用之前，你需要了解的"真实代码"可谓数量庞大。与重要的软件产品相比，你的项目都非常简单，但即使是"简单的一次性脚本"，其中的复杂性也会让你始料未及。要想让编码技能发挥作用，你需要投入大量时间，如果你的主要兴趣是商业领域，是否值得投入大量时间尚不清楚。

我的建议是学习数据库查询（也是选择之一），我会在本章中展开讨论。这种简化编程形式是专为处理和汇总数据而设计的。许多重要的问题用几行查询便能解答。你也可以说，数据库查询是比Excel等电子表格程序更复杂的一个版本。数据库查询能对数据表格进行操作，执行的操作也基本相同，但能让你表达更复杂的逻辑，涉及的许多问题（可重复性、效率考虑等）也与编程语言相同。

本章将详细介绍关系型数据库查询。

6.2 速查表

表6-1简要总结了数据科学家在执行几种不同任务时的首选工具。

表6-1 数据科学家常用工具汇总表

任务	选择的工具	受欢迎的其他工具	备注
脚本处理	Python	R	
一般数据分析	Pandas（Python库）	R	
机器学习	Scikit-learn（Python库）	R	
图表	Matplotlib（Python库）		Matplotlib是一种成熟的工具，可以被更好的工具取代

续表

任务	选择的工具	受欢迎的其他工具	备注
数据库	MySQL	任何其他关系型数据库均可。对于数据科学家来说，它们基本上都可互换	
大数据处理	Spark、PySpark		Hadoop曾经很流行，但现已黯然失色
人工智能	Pytorch,Keras（Python库）	Tensorflow	正在飞速发展的领域

6.3 数据科学生态系统的组成部分

数据科学家使用的软件工具范围十分广泛，软件工程师、科学家、统计学家、商业智能分析师和领域专家也会使用这些工具。即便对于业内人士来说，使用这些工具也绝非易事！为简单起见，我把这些工具分成了几类（可能没那么全面，也可能互斥），进行了详细介绍。

- 脚本语言：脚本语言可以执行所有计算工作，也可用于制作大型软件，但这种编程语言还可以为一次性任务编写中小型脚本。数据科学家最喜欢的工具是Python，但也会使用Perl和Ruby等工具。

- 技术计算语言：这种编程语言专门用于数学建模和数字运算。示例包括R、Matlab和Mathematica。尽管并不常见，但大多数技术计算语言也可以用作脚本语言。许多数据科学家使用的不是专门的技术计算语言，而是Python和几个技术计算库。

- 可视化工具：在数据科学中，可视化数据至关重要。所有优秀的技术计算库都具有图形数据集的功能，许多单独工具也支持交互式仪表盘。

- 大数据：大数据特指在大型数据集上运行的软件，由于这些数据集太大，所以是由计算机集群负责并行存储和处理，而非单台计算机。这种专业的工具有时是必不可少的，但若使用不当，则好处不足、麻烦有余。

- 数据库：数据库用于存储大中型数据集，支持简单的分析工作，且延迟极低。

6.3.1　脚本语言

在我看来，数据科学家与商业智能分析师的关键区别在于：前者需要具备完成计算工作的能力。电子表格程序、数据库和图形数据分析工具的效果都很好，但是，一旦开始提出更复杂的问题，你很快就会遇到一些与设计目的脱节的问题，无法作答。此时你需要对编程语言实施细粒度控制。

几乎所有的编程语言都是"图灵完备"的，图灵完备的意思是，任何能用一种语言完成的计算工作（至少在原则上）都能用其他语言完成。数据库和电子表格程序通常不是图灵完备的，它们能实现的事情很有限，数据科学家经常遇到这些限制。

在成熟的编程语言领域内，选择众多。有些编程语言（例如C）用于对计算机中发生的事情实施细粒度控制，从而实现最佳性能；这类语言对专业知识的要求很高，且编写代码很耗时，但其原始性能非常强大。有些编程语言（例如Java和C#）是为了创建大型程序（例如Microsoft Office）而设计的，各个部分之间存在复杂的依赖关系，且管理成本很高，在进行大规模编码时，就质量控制而言，管理成本很重要。脚本语言是专为快速轻松地完成中小型项目而设计的，通常具有许多内置的函数和库，虽然并非总是高效或巧妙，但可以轻松地将快速而肮脏的操作系统拼凑在一起。并不是说代码或语言的质量低下，而是说，在简单性和灵活性比可扩展性和效率更重要的情况下，脚本语言的表现会出色。

我可以保证，到现在为止，数据科学家最常用的脚本是

Python。我经常开玩笑地说："无论你想做什么，Python都
是你的最佳第二选择"。在任何专业领域中，都可能存在更
适合的编程语言（例如，用于Web开发的Ruby、用于数值计
算的Matlab等），但Python始终是最佳通用工具。鉴于数据
科学家要完成的任务范围十分广泛，自然就选择了Python。

Python是一种出色的脚本语言，但是作为数据科学家使
用的一种工具，Python真正的与众不同之处在于，它拥有大
量可进行机器学习和技术计算的库。这些库被广泛使用，有
据可查，将Python从一种漂亮的脚本语言升级为一种世界级
通用数据处理工具。

6.3.2 技术计算语言

技术计算语言是一种专为数学分析而设计的脚本语言，
其内置功能支持高效数字运算、常见数学运算以及数据可视
化和与数据交互方式。因为Python库性能出色，可将其用作
一种技术计算语言，但是为了满足这个目的，还专门设计了
许多其他工具。

在数据科学家中，最流行的专用技术计算语言是一种叫
R的开源工具。在数据科学领域，大致分为两类人：主要使
用R的人和偏爱Python的人。Python的领先优势很小，不过其
优势在稳步扩大；我经常建议人们使用自己熟悉的工具，但

若两者都不熟悉，则还是建议学习Python。

值得注意的是，即使工作内容本身相似，不同的行业喜欢使用的工具也不尽相同。自封为"数据科学家"的人常常使用Python，而R在统计工作中更常见。在物理科学和工程领域，Matlab无处不在。特别的是，对于处于职业生涯早期的人来说，即便他们选择了某种语言，也无法说明他们在数据科学工作中有多出色，更多反映的是他们在哪里学习的专业知识。

接下来，我会更详细地讨论几种值得了解的技术计算语言。

6.3.2.1　Python技术计算栈

尽管Python本身并不是一种技术计算语言，但由于存在Python库，所以也可将Python用作技术计算语言，我想简单说明一下Python库。

最常用的数据科学库可能就是Pandas，可以对Data-Frames数据表进行操作，其中每一列都可以保存不同类型的数据。从概念上讲，DataFrame就像关系型数据库中的表格，提供了许多相同的功能（除了其他功能）。要想清理和处理数据、做出基本分析，Pandas非常好用。但是，Pandas通常不支持更高级的数值运算。

一种常用的机器学习库叫scikit-learn，是一种支持监督式学习和非监督式学习的标准技术，在许多完整的在线示例项目中都有据可查。

截至本书撰写时，常用的数据可视化工具包是matplotlib，但可能会有所变化。虽然matplotlib拥有可视化库该有的全部基本功能，但它还是被公认为Python技术堆栈中最薄弱的环节。在其他问题中，默认情况下，matplotlib数据看起来相当幼稚。matplotlib正在被Seaborn等库（Seaborn实际上是根据matplotlib建立的，但据说其默认行为的表现更好）以及基于网络的可视化工具（例如Plotly）所取代。

基础科学Python计算库也被称为NumPy。这是一个低级库，可用于存储和处理大型数字数组，其性能与低级语言（例如C语言）相当。从编程的角度来看，用户可使用NumPy创建数字数组对象，并对其执行各种数学运算。有时，多数Python计算库会将NumPy数组作为其输入和输出，而有时它们提供的抽象概念实际上只是NumPy数组的简单包装器。

SciPy提供了一系列专用数学函数，可在NumPy数组上运行。根据我的经验，在纯数据科学中，这样的情况并不多见，但如果你使用Python来处理Matlab擅长的任务，那么SciPy就更加重要。

许多数据科学家会使用一种名为Jupyter Notebooks的工

具开发代码。Jupyter是一种基于浏览器的软件开发工具，可将代码划分为多个单元格，其旁边会显示每个单元格的输出（包括所有可视化结果）。它非常适合原型法分析，感觉与Mathematica有相似之处。

6.3.2.2 R

由于R是统计学家专为统计学家设计的，自然加入了图形功能和大量的统计功能。R的开发基础是1976年在贝尔实验室开发的S。在当时，R的性能卓越，与其竞争对手Fortran程序相比，R取得了巨大的进步。事实上，Python的许多技术计算库大多都只是在借鉴R中的优秀思路。但在40多年后，R就有些过时了。具体来说，有些地方的句法结构非常笨拙，对字符串的支持不足，类型系统也过时了。在我看来，使用R的主要原因在于，多年来大家已经为它编写了很多专用库，而Python还没有涵盖所有的特殊情况。我个人已经不再使用R，但它仍是数据科学领域的主力军，预见未来也将继续如此。在统计学领域，R仍然是通用工具。

6.3.2.3 Matlab和Octave

数据科学界非常喜欢免费的开源软件，因此像Matlab这样的优秀收费软件往往得不到应有的赞誉。Matlab是由美国MathWorks公司进行开发和销售的，是一个出色的数值计算软件包。它的句法结构比R更连贯（恕我直言，确实更好），数值计算能力也比Python更强。许多具有物理或工程背景的人都精通Matlab。虽然Matlab不太适合大型软件框架或基于字符串的数据处理，但它的数值计算能力是一流的。

如果你欣赏Matlab的句法结构，但又不想为软件支付费用，那你就可以考虑使用Octave。它是Matlab的开源版本，无法捕捉到Matlab的所有功能，当然也不具有相同的支持性基础和文档。但是，如果你的团队习惯使用Matlab，又需要免费软件，那么Octave可能就是你的最佳选择。

6.3.2.4　Mathematica

如果说Matlab以其处理数字的能力而闻名，那么Mathematica最出名的就是其处理符号的能力，能够求解大型方程组，导出可重新使用的公式，准确计算数值。Mathematica是由史蒂芬·沃尔弗拉姆（Stephen Wolfram）开发的，他原本是一位物理学家，之后成为一位计算机科学家，他可能是尚且在世的最聪明的人之一。Mathematica并不像本节提及的其他工具那样常见，又是收费软件，但还是有很多人喜欢使用这种工具。

6.3.2.5　统计分析软件（SAS）

统计分析软件是一种专有统计框架，可追溯到20世纪60年代。与R一样，很多不易改变的遗留代码都是用SAS编写的，其功能范围十分广泛。然而，对于更习惯于现代语言的人来说，这种语言是非常陌生的。SAS非常适合商业统计应用场景，也非常流行，但我并不建议在通用数据科学中使用SAS。

6.3.2.6　Julia

Julia是技术计算领域的新晋成员，它最终是否能找到立足之地，尚有待观察。Julia的句法结构很简洁，灵感来自Python和其他脚本语言。Julia最出名的一点是，虽然能让你像Python一样开发脚本，但也能让你将这些脚本编译成快如闪电的程序，速度可与用C编写的代码相媲美。

6.3.3　可视化工具

每种技术计算语言都有内置图形功能，通常情况下，这些功能就足够了。如果你只需要JPEG之类的静态图像文件（一般用于幻灯片或书面报告），那么我一般建议使用这些功能，而不是投入精力（有时还需要投入金钱）来学习新工具。

但是，如果你想要的是交互式图形、定期更新的商业智能仪表盘或是看起来很华丽的结果，那么你可能需要考虑其他工具。可选工具太多，无法在此一一列举，但是我会介绍一些值得特别注意的或是你可能听过的工具。

在比较可视化工具时，有几点需要特别注意：

● 通常情况下，交互式仪表盘是由后台的关系型数据库提供支持的，但是，许多想要使用仪表盘的人却不知道该如何编写数据库查询。某些工具是专为业余用户设计的，提供可视化界面，能让用户选择绘制哪些数据。这是一种普及数据访问的好方法，不过数据科学家通常需要实现两件事：细粒度控制或只有通过自己编写查询才能获得的复杂性，很少有工具能完全满足这两点。

● 数据可视化工具曾经是独立的软件，例如Excel。但是，越来越多的工具都被设计为支持在网络浏览器中运行。因此，很多操作更容易实现，例如将图形嵌入单独的网页，或从Internet中提取内容，这样一来，产品可在网站上运行，而不必安装在使用它们的每台计算机上。

6.3.3.1 Tableau

如果你想在会议室中展示外观华丽的仪表盘和图形，那么Tableau就是最合适的。Tableau提供了一个可视化界面，允许业余用户选择自己想要的数据，并用来创建令人印象深刻的图形。但是，如果你开始提出复杂的问题或需要实现更为精细的控制，那你很快就会了解到Tableau的局限性。因此，数据科学家通常不使用Tableau，除非纯粹是为了呈现最终结果。

6.3.3.2　Excel

在我看来，Excel值得受到更大的肯定。很少有程序能够如此出色，既能为业余用户提供简单的分析服务，同时又为高级用户提供相对复杂的功能。电子表格程序不是数据科学家的核心工具，但你要想进行一些简单的分析工作，电子表格程序就很方便，整个团队都可以访问分析结果，极其有用。

6.3.3.3　D3.js

JavaScript是一种能控制网站在浏览器中的行为的编程语言，而D3.js（代表"数据驱动文档"）是一个JavaScript库，能让浏览器显示漂亮且高效的图形数据。D3.js是一种免费开源的语言，但它提供了非常强的细粒度控制，使用起来可能很挑剔。因此，D3.js在众多分析公司中大受欢迎，在基于网络的分析应用场景中，这些公司把D3.js用作一种基本构成要素。许多付费可视化工具可能都是基于D3.js构建的。

6.3.4　数据库

数据库通常是数据科学系统的核心部分，原因很简单，因为工程师存储的数据需要分析。很多情况下，数据的主要目的是如何在生产中使用数据，数据科学家应该使用最适合产品的任何技术。

然而，即使整个系统都是专为数据分析而设计的，数据库也经常发挥关键作用。我介绍两个主要用例：

- 通常情况下，数据是足够的，无法同时处理所有数据，以数据被存储的形式来处理数据也不切实际。数据库可以作为数据的中央存储库，在许多数据科学家共享的单独服务器上运行，每个用户只提取他们当前工作所需的数据。基于云的共享存储工具还能提供一个更简单的方法：数据科学家可以只下载他们需要的文件。但是，数据库能够过滤掉无关的列，选择表中所有满足某些复杂标准的行，计算密集型预处理步骤（例如，连接和聚合），在数据加入数据科学家的工具箱之前，这些都属于预处理步骤。

- 某些分析应用程序需要交互性，举例来说，你可以使用图表来调整日期范围或时间序列粒度。此类应用程序需要重新对即将绘制成图的数字展开低延迟计算，这一操作一般是通过数据库查询操作来完成的。

如果某个数据库是专为满足数据科学家需求而设计的，则通常会定期使用来自生产服务器的数据来更新数据库。在这种情况下，分析工具通常是关系型数据库，以便进行连接和集合等操作，而生产系统本身通常不需要这些。

6.3.5　大数据

如今使用的"大数据"一词有点用词不当。大型数据集盛行已久，但没人给它们专门起名。即便是现在常见的最大型数据集一般都不属于"大数据"领域，它们都是在科学实验中产生的，在定制软硬件架构上进行处理，尤其是粒子加速器。

相反，大数据指的是数据集中的几个相关趋势（其中之一是大小）及其处理技术。数据集往往具有两个特点：

1.顾名思义，数据集很大。数据集"很大"时，并没有特殊的临界值。粗略地说，一旦无法在一台计算机上存储或处理所有数据，就会发生这种情况。我们反而会使用计算机集群，数量从几台到数千台不等。重点是让数据处理具有可扩展性，从而让数据能分布在任意大小的集群上，各个部分的分析工作同时进行。集群中的多个节点之间可以传递信息，但要保持在最低限度。

2.大数据集通常是"非结构化的"。这个术语误导性很强，并不是说数据没有结构，而是指数据集并非完全适合SQL等传统关系型数据库。典型示例包括JSON blob、图像、PDF、HTML文档、未明确整理成行和列的Excel文件以及机器生成的日志文件。传统数据库的预先假设是：所含数据的结构非常严格，相应地，提供的性能也高度优化。但在大数据中，我们需要具备灵活性，能处理任何格式的数据，还需要以预定义程度较弱的方式来操作数据。就软件的运行时间而论，因为很少有优化技术能被预先构建到框架中，所以你一般会为这种灵活性付出代价。

很多人都错误地认为大数据工具是灵丹妙药，认为它能彻底改变数据分析的方方面面。实际上，大数据工具专门用于处理大量非结构化数据集的特定计算难题，削弱了易用性和某些功能性。因此，你应该只在数据有需要时才使用大数据工具，即使这样，你也应该预料到人们会将大数据工具与更传统的技术结合使用。通常情况下，我们会使用大数据技术对数据集进行预处理，将其缩至更易于管理的大小，然后再使用传统工具完成分析工作。

6.3.5.1 大数据技术类型

大数据工具大致可以分为两类：数据处理工具和数据存储工具。这两类工具都能在多台计算机上从事数据分发和计算工作，能满足不同使用实例的需求。严格来说，新一代大数据工具一般能够同时满足这两种需求，但会明显偏爱其中一种。

数据科学家最感兴趣的就是数据处理工具，他们可以使用这类工具从事大规模分析工作，包括大型数据集，一般会将其精简为概括统计数据，或将其转换为由另一个进程使用的新数据集。处理过程尽可能由多台计算机并行完成，但通常情况下，计算机之间必须相互协调和交换数据。一般会使用"map-reduce"范式进行操作，有关内容将在第6.3.6节中讨论。

数据处理工具通常用于非产品的分析工作，或者用于运行时间长达几小时的批处理作业。

数据存储工具更常用作基于云计算的软件产品后端。想象一下，如果一个手机应用程序拥有成千上万的用户，那么每个用户的个人资料都可能包含大量复杂的数据。在多个用户使用该项服务时，你需要能够实时访问和编辑这些数据。而一般情况下，并不需要将多个用户的记录合并到一个操作中。

6.3.5.2 Spark

Spark是一种当前先进的大数据处理技术，Spark基本上已经替代了传统的Hadoop map-reduce。Spark一般更加有效，尤其是当你将多个操作连接在一起时，使用起来非常容易。从用户的角度来看，Spark只是你在使用Python或Scala时导入的一个库。

在PySpark中，核心数据抽象属于"弹性分布式数据集"（RDD），这只是一个Python对象集合。多个对象分布在集群中的不同节点上，你一般不需要担心哪些对象在哪些节点上。

Spark操作能在RDD上运行并执行各种操作，这些操作能将其变成其他RDD，并正确进行存储。然而，小到可以放在单个节点上的RDD也可以被拉入本地空间，使用Python和Scala中可用的所有工具进行操作。

6.3.6 高阶内容：Map-Reduce 范式

"大数据"的起点通常可以追溯到2004年，当时谷歌公司发表了一篇论文，介绍了MapReduce（MR）的概念：MR是他们专为运行于计算机集群上的编程操作开发的一种内部工具，不需要考虑集群中某个节点上的数据。一位名叫道·卡廷（Doug Cutting）的工程师很快开发了一个MapReduce的开源版本，称为Hadoop，真正普及了大数据的概念。MapReduce范式已完成了多次再实现，既有专用版本，也有开源版本。

在大数据技术中，MapReduce是最流行的编程范式。程序员在编写代码时，集群可以是任意大小，数据集的规模也可以大的离谱，都能轻松实现并行化。MR的某些变体是许多主要大数据工具（例如Spark）的基础，在短期内可能会出现，因此了解MR非常重要。

通过举例说明，你便能轻松理解MapReduce范式。假设有一组文本文档分布在多个集群节点上，我们的目标是计算不同单词在整个语料库中出现的频率，通过三个阶段便能完成：

1.局部reduce：针对存储在每台计算机上的文件，只计算某个单词在各自文档中出现的次数。计算机每找到一个单词，都会生成一个记录，以此说明单词出现的频率。这种记录通常被认为是一个密钥对/值对，分别包含单词及其出现次数。

2.shuffle：在任何地方找到的每个单词都能被分配到集群中的某个节点。第1个阶段产生的每条记录都会通过网络发送到与其关联的节点。

3.reduce：对于收到记录的计算机，将每台计算机正在处理的单词的数量相加。

在本例中，在reduce阶段，为同一个词选取多个密钥对/值对，并将它们添加到一个聚合中，这个步骤可被分解为一个局部阶段（也称为"combine"阶段）和一个整体阶段。这样做只是为了减少网络流量，你也可以只使用整体阶段。Map阶段将一个文档分解为几个部分，即使出现重复的部分，也要为每个部分创建一个密钥对/值对。之后，局部reduce阶段进行压缩，每个单词都有一个密钥对/值对。只有这样，当每台计算机都将其文本精简为尽可能小的摘要时，才会发生shuffle阶段和完全reduce。流程如图6-1所示。

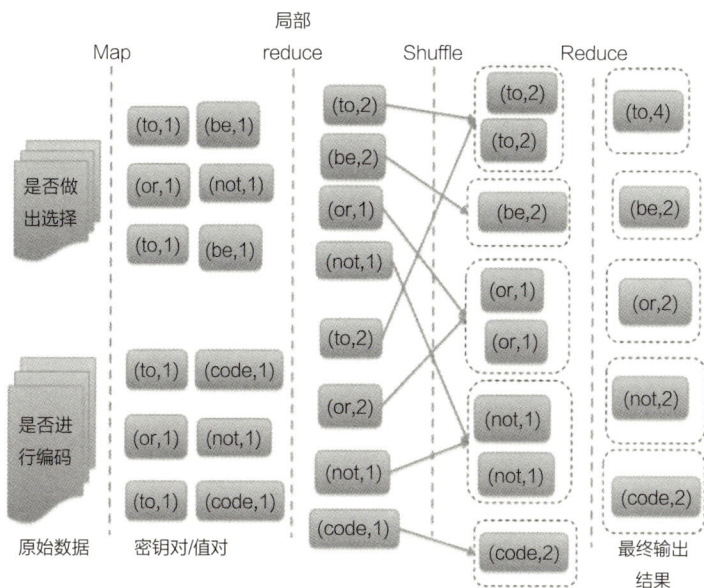

图6-1　流程图

map-reduce范式是大数据运动的基石之一。程序员只需要明确说明map和reduce函数，就可以在任何大小的集群上运行该操作，无须考虑哪些数据存储在哪个集群上。

MR操作将数据集作为输入，你可以将数据集视为数据对象（例如，JSON blob或文本片段）的分布式集合。这一操作分为两个阶段：

● *Mapping*：通过某个函数，将数据集的每个元素映射到键值对的集合。

- *Reducing*：针对每个唯一键，都会启动一个"reduce"过程。输入所有相关值，每次输入一个，没有特定的顺序，最终会产生一些输出。

- 有时会包含一个局部reduce，但通常与主reducer的操作相同。

整个过程总结起来就是一句话：程序员为mapper函数编写逻辑，为reducer编写逻辑，无须担心集群的大小，哪些数据在哪里等。

6.4 高阶内容：数据库查询速成课

在关系型数据库中，关系型数据库的表由行（通常无序）和列组成。每一列都有一个相关的特定数据类型，例如整数、时间戳或一段文本（出于性能原因，最大长度通常是已知的）。关系型数据库有其相关的"查询语言"，能帮助用户明确知道应该选择哪些数据以及在返回数据之前应完成哪些预处理/聚合操作。数据库结构良好，因此能有效解决查询问题。

SQL系列是一类主要的关系型数据库，其查询语言几乎相同（即使系统的内部结构一般大相径庭，但进行了优化，以支持不同的用例）。MySQL是最受欢迎的开源版本。本节将以MySQL为主，但你应该知道一点：几乎所有内容都可以转换为SQL系列的其余版本，实际上，它在SQL系列之外也表现出色。SQL句法无处不在，许多数据处理语言都进行了大量借鉴。

6.4.1　基本查询

MySQL服务器中的数据由一系列表格组成，这些表格的列都是已知类型。这些表格被处理成"数据库"（没错，这个词已经被用滥了）。数据库只是表格的命名空间，让表格变得更有条理。你可以在各个命名空间之间轻松切换，或在一次分析中合并来自多个命名空间的表格。

下面我会使用一个简单的MySQL查询来说明某些核心句法：

USE my_database;

SELECTname, age

FROM people

WHEREstate='WA';

第一行说明数据库中的表格名称为my_database。接下来，假设在my_database中，有一个名为"people"的表，该表包含几列：名称、年龄和状态（可能还有其他列）。这项查询说明了所有华盛顿州居民的姓名和年龄。如果我们改用"SELECT *"，那么就是选择表中所有列的简写。这种行和列的选择就是MySQL最基本的功能。

也可以省略USE语句，将数据库的名称直接放入查询中：

SELECT name, age

FROM my_database.people

WHERE state='WA';

除了仅选择列之外，还可以在数据返回之前对列执行操作。MySQL具有各种各样的内置函数，可对SELECT子句和WHERE子句中使用的数据字段进行操作。例如，通过以下查询，你能获取人们的姓氏，知道他们是否为老年人：

SELECT SUBSTRING (name, 0, LOCATE (name, ' ')), (age >=65)

FROM people

WHERE state='WA';

请注意，这种了解某人姓氏的句法显得有些笨拙。LOCATE(name,' ')表明了名字中的空格的索引，即姓氏结束的位置。SUBSTRING(name,0,LOCATE(name,' '))说明了本例中的名字，即姓氏。在Python中，在空白符上对字符串进行拆分，然后取第一部分，这样会更有意义。但是，这种做法会产生一个列表，这个列表的数据结构的复杂程度可能并不相同。这就是注重性能的MySQL的诅咒！MySQL函数通常不支持复杂的数据类型（例如列表），在大规模操作时，唯一支持的函数非常高效。通过这种迂回的方式，我们最终获得了名字。表6-2总结了一些更有用的函数。这些函数存在于大多数类似SQL的语言中，接受一个值，返回一个值。

表6-2 常见函数及描述

函数名	描述
ABS	某个数的绝对值
CONCAT	连接多个字符串
CONVERT_TZ	从一个时区转换到另一个时区
DATE	从日期时间中提取日期
DAYOFMONTH	一个月的数据
DAYOFWEEK	一周中的某天
FLOOR	向下舍入一个数字
HOUR	从日期时间中获取小时
LENGTH	字符串的长度（以字节为单位）
LOWER	用小写返回字符串
LOCATE	返回较大字符串中子字符串第一次出现的索引
NOW	当前日期时间
POW	将数字提高到幂

续表

函数名	描述
REGEXP	字符串是否匹配正规表达式
REPLACE	用不同的子字符串替换某一字符串中所有出现的特定子字符串
SQRT	某个数的平方根
TRIM	夫除字符串两边的空格
UPPER	返回字符串的大写版本

6.4.2　数据分组与聚合

除了选择行/列并对其进行操作之外，还可以使用GROUP-BY语句将许多行聚合为单个返回值。例如，通过以下查询，我们来查找每个州名为Helen的人数。

SELECT state, COUNT(name)

FROM people

GROUP BY state

WHERE first_name='Helen';

此处使用的COUNT()函数只是众多聚合函数之一，将多行中的一列压缩为一个值。其他如表6-3所示。

表6-3　常见的SQL聚合函数

函数名	描述
MAX	最大值

函数名	描述
MIN	最小值
AVG	平均值
STDDEV	标准差
VARIANCE	方差
SUM	和

也可以按多个字段分组，如以下查询所示：

SELECT state, city, COUNT(name)

FROM people

GROUP BY state, city

WHERE first_name='Helen';

关于基本查询的最后一点是，你可以为你选择的列命名，如以下查询所示：

SELECT state AS the_state,

   city AS where_they_live,

   COUNT(name) AS num_people

FROM people

GROUP BY state, city

WHERE first_name='Helen';

你也可以只重命名某些列。如果你所做的只是取出数据，则SELECT子句中的重命名操作不会产生任何影响。但是，如果你将查询结果写入另一个具有自己的列名的表中，或者如果你在同一项查询中处理多个表，这种操作就非常有用，稍后详述。

6.4.3　Joins

除了分组之外，查询语言中的另一个关键要素是将一个表与另一个表连接起来的能力。在一次join操作中，将多个表合并为一个，输入表中的行按照某些条件（通常具有共同的指定字段，但你也可以使用其他条件）进行匹配，然后连接成一个更宽的行。以下查询说明了join的过程，说明了每个州有多少员工位于各个职位：

SELECT p.state, e.job_title, COUNT (p.name)

FROM people p

JOIN employees e

ON p.name=e.name

GROUP BY p.state, e.job_title;

关于新查询，有两点需要注意。首先，JOIN子句说明了要与人员连接的表，而ON子句说明了表中的行实现匹配的时间的标准。其次，"people p"和"employees e"给各个表都起的别称都比较短，所有列都把别称放在前面。这样一来，就消除了歧义，避免两个表中出现相同名称的列。

people中的每一行都与employees中每一行配对，在最终表中实现匹配。因此，如果people中有5行的名称为Helen，而employees中有10行的名称为Helen，则连接表中有50行Helen。Join的操作成本之所以非常高，这种扩大数据尺寸的可能性就是原因之一。

前面执行的查询操作被称为"内连接"（inner join）。也就是说，如果people中的行与employees中的任意一行都不匹配，则不会出现在连接表中。同样，与people行不匹配的所有employees行都将被删除。你也可以执行"左外连接"（left outer join）。在这种情况下，people中的孤立行仍会出现在连接表中，但是，在来自employees表的所有列中，都会出现NULL。同样，"右外连接"（right outer join）将确保employees中的每一行至少出现一次。

在只有一个"主"表的情况下，外连接（outer join）很常见。假设你想预测一个人是否会点击广告，你手中的表格描述了数据库中的每个广告、广告是针对什么公司/产品、广告的对象是谁以及广告是否被点击。你可能还有一张表格，描述了不同公司、他们所在的行业等。在广告和公司之间进行左外连接，实际上只是在广告表中额外添加了几列，提供的其他公司信息与给定的广告相关。对你的研究来说，任何你未向其展示广告的公司都是多余的，因此这些公司就会被丢弃，而碰巧缺少公司数据的任何广告仍会保留在你的分析中，与公司相关的字段将为NULL。

6.4.4 嵌套查询

MySQL中的关键操作是SELECT、WHERE、GROUP BY和JOIN。你在实践中看到的大多数MySQL查询最多会使用某一项操作一次，但也可能在彼此之间进行嵌套查询。

下面这项查询的对象是一家公司的员工表，要计算每个城市的员工数量，然后再将结果连接回原始表格，弄清每位员工有多少本地同事：

```
SELECT ppl.name AS employee_name,
    counts.num_ppl_in_city-1 AS num_coworkers
FROM (
    SELECT
        city,
        COUNT(p.name)AS num_ppl_in_city
    FROM people p
    GROUP BY p.city
) counts
JOIN people ppl
ON counts.city=ppl.city;
```

在本项查询中，注意事项如下：

1.将子查询用括号括起来。

2.将别称放在括号之后，我们将子查询的这个结果称为"counts"。不论子查询何时出现，许多SQL变体都要求提供别称。

3.如上所述，我们使用内部SELECT子句，将生成的列命名为num_ppl_in_city，增强了整个查询的可读性。

7

第 7 章

深度学习和
人工智能

人工智能（AI）已经取代了大数据，成为描述数据科学的流行语。这个术语不太准确，人工智能指的是一系列不同的技术，其中一些技术实际上已经相当成熟，而另一些则属于尖端技术。笼统地说，人工智能是指能完成通常由人类完成的各种任务的技术。快速将大量数字相乘并不属于人工智能的范畴，但识别图片中的人类属于人工智能的范畴。

现代人工智能的核心技术是"人工神经网络"，这是一系列极其强大的机器学习模型，可以完成以前无法想象的任务。神经网络比传统的机器学习要复杂得多。本章的大部分内容将集中在神经网络，包括其优缺点。

重要的是，尽管许多技术都被称为"人工智能"，但它们其实是更古老、更原始的技术，性能通常也优于深度神经网络。使用深度学习解决一个简单的问题，就像是一个用大锤压扁一只蚂蚁。更糟糕的是，蚂蚁甚至都不会死！对某些问题而言，深度学习是迄今为止性能最强的技术，毫无疑问，现代科技领域中的某些发展十分令人期待，深度学习就是这些发展的关键。但在其他情况下，深度学习的表现比简单技术更差。

7.1 人工智能概述

7.1.1 不要害怕天网：强人工智能和弱人工智能

我想先简单讨论一个问题，因为这个问题让很多人都备受困扰：机器变得"具有自我意识"，对人类生存构成威胁。虽然人工智能给社会带来了许多棘手的伦理挑战，但幸运的是，这个问题并非其中之一。在很多操作中，先进的人工智能系统可以模仿人类行为，表现令人印象深刻，但是，它们的模仿方式与人类大脑的运作方式完全不同。将两者混为一谈，就好像把海豚错认为鱼一样。

举例来说，如果你使用了人工智能系统，那么即便你不在家，灯仍能亮着。人工智能领域的重点在于让更多灯亮起来，让灯变得更亮，也许还会在窗户上放一些人体模型。但到底如何让人进入大楼，还没有可靠的概念，态度严谨的研究人员也在努力避开这个话题。

在这里，我需要介绍两个不同的假设，即"强人工智能"和"弱人工智能"：

- 强人工智能也被称为通用人工智能，拥有强人工智能的计算机被认为是有思维的，例如拥有自我意识和其他想法（显然没有严格的定义说明到底什么是思维）。

- 弱人工智能是指，在特定任务中或特定任务范围内，计算机能复制类似人类的行为。其任务范围可能非常广泛（例如，计算机能够识别出某个图像是否包含人类、公共汽车或数千个其他物体），但范围绝对小于强人工智能。

在弱人工智能中，并不存在"真正"的思维，这种观点通常认为，人工智能系统完成的任务通常需要具有思维的人类来完成，而它完成任务的方式与人类截然不同。如果将强人工智能比作一条生活在水下的鱼，那么弱人工智能就是一条可以长时间屏住呼吸的海豚。

强人工智能属于科幻作家和哲学家的领域：到底如何实现强人工智能，尚无可靠的想法，许多专家都在怀疑，对于计算机来说，真正的意识是不可能实现的先验。弱人工智能是本章的全部内容。

随着人们对人工智能技术的局限性越来越了解，就像之前的大数据一样，人工智能技术已成为一种工具，但是它们以大数据从未实现的方式重新定义了这个行业。

7.1.2　系统 1 和系统 2

2011年，心理学家丹尼尔·卡尼曼（Daniel Kahneman）

撰写了《思考，快与慢》一书，他在书中提供了一种能与人工智能相媲美的人类思维视角。

卡尼曼将思维拆分为两个系统（他强调过，这是一种过度简化的分类）：

- 系统1（又称"快思考"）是指无意识的思考系统，这一系列过程能帮助我们本能地理解周围的世界、提出想法、下意识地做出反应。系统1一直处于运行状态，将大脑所有的原始感官输入都编成连贯的描述，介绍正在发生的事情及其应对方法。既不需要逻辑，也不需要进行自我批判。借助直觉和模式匹配，系统1能快速提炼出大量的感官输入，做出的解释在99%的情况下都有效。

- 系统2（又称"慢思考"）是指有意识进行的思考系统，做出管理决策的过程缓慢而费力。根据系统1的建议，系统2以批判的眼光进行筛选，再作出最终判断。系统2具有一定惰性，只要行得通，系统2都会遵从系统1的结论，不会费尽心思去猜测。系统2并不能一直保持理性，但能够逐步实现逻辑。

卡尼曼这本书的主旨之一是：系统1在人类思维中承担的作用要比我们想象的（或认同的）重要得多，而系统2承担的作用则要弱一些。人类的许多认知偏差和系统性非理性都来自系统2，系统2往往会接受系统1的判断，系统1的直觉式思考很快，但准确性不足（这是系统1的一个特征，并非漏洞：如果你在大草原上看到一头狮子，你肯定希望系统1做出反应，让你感到害怕，即使你会发出一些可预测的、系统性的假警报！）。

最早的人工智能系统主要将人类思维设想为系统2的理想化版本，致力于创建逻辑推理引擎，对系统2的决策过程进行数学建模。就计算机而言，我们默认系统1的活动很容易，对人类来说，这些活动在主观上不费吹灰之力。据传闻，人工智能先驱马文·明斯基（Marvin Minsky）给一名研究生安排的暑期项目就是"解决计算机视觉"！

早期的这些努力大多以失败告终，也没有大肆炒作，以至于在一段时间内，"人工智能"一词基本上名誉扫地。事实证明，系统2虽然具有逻辑能力，但不仅仅是一个逻辑推理引擎。更重要的是，研究人员大大低估了系统1的直觉和粗略模式匹配的重要性。

此一时，彼一时。神经网络技术让人工智能重新流行了起来，神经网络专注于学习和应用非逻辑直觉和经验法则。神经网络的工作方式是：将复杂的数学公式拟合到海量数据中，（千方百计地）调整权重，直到这些公式开始对训练数据起作用。如果要猜中一张图像中有哪些事物，那么这种粗略的方法非常有效［可以选择的工具是"卷积神经网络"
（CNN）］。在某些情况下，可以评估一段文本是否与已提
出的问题相关（参见"循环神经网络"）。在前沿研究中，
一些神经网络开始将这两种方法结合起来，生成一个句子，
来描述图片中正在发生的事情。但是归根结底，他们提出的
只是建议，对信息进行处理，使得具有成熟系统2的人类可
以理解和合成这些信息。

7.2　神经网络

7.2.1　神经网络能做什么、不能做什么

提到神经网络的局限性，我最喜欢的示例就是一项2016年
的研究。研究人员马可·里贝罗（Marco Ribeiro）、萨米尔·辛
格（Sameer Singh）和卡洛斯·盖斯特林（Carlos Guestrin）展
开了一项训练神经网络的研究，目的是区分狼和哈士奇。这
个问题比较好，因为各种动物之间的细小差异很多，例如耳
朵的形状、眼睛的亮度。人类很擅长这种工作，但我们不能
轻易地用方程来描述，所以最好训练一个神经网络。

但是有一个问题：在研究人员训练的图片中，狗在草

丛中，而狼在雪地上（虽然对于每种动物来说，这些背景都很典型，但确实是研究人员手动选择的）。受过训练的神经网络表现出色，许多人在看到它对新图像做出的预测后，往往相信神经网络确实能区分狼和哈士奇。之后，研究人员揭晓了真相。众所周知，虽然我们尚且不清楚神经网络到底是如何作出判断的，但我们通常可以分辨出，图像的哪些部分对最终判断的贡献最大。研究人员对这些部分进行确定和标识，以深入了解网络的工作原理。从本质上讲，神经网络就是从图片中裁剪出动物，根据背景进行分类。

在这种情况下，研究人员已经知道他们可能训练出的分类器并不合格，因为他们很清楚这些工具的局限性。事实上，他们更感兴趣的是如何评估一个神经网络是否应该被信任（人们在见过图像的哪些部分能提供线索后，便不再相信分类器了）。但是此类虚假模式带来的风险是真实存在的，这样的故事在业内比比皆是，研究人员花费了无数的时间和金钱，最后得到的分类器只会基于愚蠢的事物做出决策。

由此可以看出几点：

（1）虽然神经网络功能强大，却缺乏类似于理解力或常识的能力。如果要求计算机区分两组不同的图像，那它会表现得非常优秀，但是因为计算机缺乏概念性理解能力，无法抓到练习的重点。

（2）虽然不具备概念性理解能力，但神经网络依赖于大量复杂的启发式算法。这些算法可能与我们想要解决的根本问题有关，也可能并不相关——只是数据中存在的模式。

要想知道人工智能有多少缺点在发挥作用，关键在于：人工智能发现的启发法可能包含种族主义或性别歧视，可能（如本例所示）具有不能泛化的训练数据的特质，也可能是一个数字散列，比与之相关的现实世界现象要复杂得多。

7.2.2　到底什么是神经网络？

回想一下"机器学习"一章，分类器以一组数字开始，称为"特征"，对被分类事物的信息进行编码。模型输出的是一系列数字，被称为"分数"，表示我们可以应用不同标签的可能性。分类器实际上只是一个数学公式，根据特征函数来计算分数，训练分类器，也就是在调整该公式的参数，实现输入和输出与训练数据的匹配。典型的神经网络本质上就是一个分类器，与其他分类器的不同之处仅在于模型的复杂性以及它能解决的问题的复杂程度。

神经网络技术是受到人类大脑的启发，在大脑中，每个神经细胞都会从其他几个细胞中获取输入，之后可能会有输出，也可能没有。图片是理解神经网络的最佳方式，如图7-1所示。

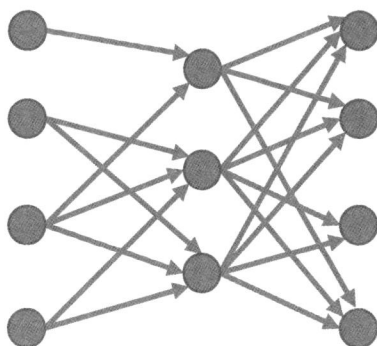

图7-1 神经网络示意图

神经网络由"节点"组成，"节点"排列成"层"。每个节点输入多个数字，输出一个数字。一层的输出值是下一层的输入值。单个节点的输出值是简单函数的输入值——通常是sigmoid函数。

该神经网络由分层排列的多个"神经元"（图中的节点）组成。在一个神经元输入多个数字，进行计算，输出一个数字。最常见的情况是逻辑回归器：用每个输入值乘以加权参数，将所有输入值相加，然后将加权总和嵌入sigmoid函数，获得输出值。在神经网络中，某一神经元的输出值被馈送至下一层，作为下一层神经元的输入值，依此类推，直到最后一层。第一层的输入值是原始特征，最后一层的输出值是最终分类器的分数。

重点马上一目了然：

（1）神经网络的"架构"情况包括：一共有多少层、每层有多少神经元、哪些神经元将哪些其他神经元作为输入，这些与训练期间被调整的实际参数一样重要。你可能听说过"Inception V2""MobileNet"或"AlexNet"；这些都是行业标准架构，也得到了验证，确实能够妥善解决某类问题。这种流行架构通常有六到几十层，神经元数量以及神经元连接方式截然不同。

（2）这种结构将更简单的特征拼凑在一起，有助于识别复杂的特征。假设我们输入的是一张图像，输入的数字代表图像所有像素的亮度。在一层中，可能有一个神经元可以很好地识别胡须，一个神经元可以很好地识别尖尖的耳朵，而另一个神经元可以识别眯成一条缝的眼睛。如果将所有值都输入下一层的神经元中，那么该神经元能很好地识别出图像中是否有猫。

（3）在训练模型时，有很多参数需要调整，因为神经网络中的每个神经元都有自己的参数。在流行的架构中，一共有数千万个可调参数，比起要训练的已知数据点的数量，这个数量庞大很多，相应地，也极容易出现过拟合。

7.2.3　卷积神经网络

最重要的神经网络变体也许就是卷积神经网络（CNN）。

CNN可用于处理图像，基于的设想为：我们经常寻找的特定特征（可能由几个更原始的特征组成）会在图像中的任何地方出现。

回顾一下神经网络的示意图，你会发现，第一层的每个输入值都是独立处理的。对于图像而言，输入数据就是像素（测量的可能是像素的明暗，其中有多少红色，其他内容取决于图像格式），通常情况下，要用截然相反的方法来处理两个像素，看起来会有点奇怪。如果所有图像都是以相同的方式认真拍摄的（如面部照片），那么将某些像素与其他像素区别处理可能是有意义的，但对于许多"真实"数据集而言，相关特征可能出现在图像的任何位置（即使在精选数据集中，线条和几何形状等低级特征也可能无处不在）。

在CNN中，第一层或前几层是"卷积层"。卷积层输入的是一个图像（严格说来，是任何一个二维数组），输出的是一个二维数组，用于测量图像的每个部分与特定模式的匹配程度（严格说来，卷积层可能会输出几个这样的数组，每个数组的测量模式都不同）。测量模式是由"卷积核"决定的，卷积核是一个小图像，能说明我们正在寻找的模式。卷积核平铺在图像上，我们在每个位置测量图像与其模式的匹配程度，如图7-2所示。

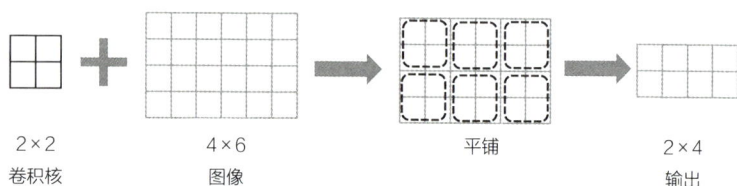

| 2×2
卷积核 | 4×6
图像 | 平铺 | 2×4
输出 |

图7-2 卷积核

在众多图像处理工具中，卷积神经网络脱颖而出。神经网络的第一层或前几层是"卷积层"："卷积核"是平铺在输入图像上的小矩阵，每个平铺卷积都有输出。通常情况下，卷积核测量的是特定特征在平铺卷积中的比例；从本质上讲，将卷积核平铺在图像上，会生成热图，显示出图像的哪些部分与卷积核匹配得很好。

图像以一组较大的数字数组开始，测量的是图像在不同像素处的强度。通过卷积核操作，将其转换为一个较小的数字数组，用于测量图像在每个位置与特定模式的匹配程度。一般会同时应用多个内核。将卷积层一个叠一个堆在一起，让我们能够找到由模式组成的模式，它们可能会出现在图像的任何地方。

神经网络架构的特征包括卷积核的大小以及平铺卷积的完成方式（有时平铺卷积会重叠），这些特征都是在训练发生之前由工程师选出的。但是卷积核是在训练期间由神经网络学习的。一般来说，你可以通过查看核函数，了解神经网络正在学习哪些类型的模式。

所有用于图像处理的最佳神经网络基本上都是卷积的。

7.2.4 高阶内容：训练神经网络

严格来说，神经网络只是一个机器学习模型，关于训练机器学习模型的所有事情都直接适用，包括数据训练和数据测试的重要性、过度拟合的可能性、定义目标变量的重要性等。但是，神经网络的几个重大差异让它拥有一些不同之处。

7.2.4.1 手动特征提取与自动特征提取

和传统机器学习不同的是，特征提取并没有在深度学习中发挥核心作用。回想一下，对于大多数分类器来说，要从原始数据中提取具有实际意义的特征，需要付出巨大的努力，而这些特征最终会被嵌入模型中。因为机器学习本身非常简略，所以为了让模型实现良好的性能，这种操作通常是必要的。特征提取还有一个好处：能帮我们理解分类器正在挑选的真实模式，以进行合理性检查，预测这些模式何时可能崩溃。

然而，在深度学习中，复杂神经网络的重点在于，前面几层从原始数据中提取特征，随后几层能捕获的特征越来越复杂，最终完成你的预测。现实世界的模式可能非常复杂，复杂神经网络就是专为这种情况而设计的，亲手设计合适的代理模式是不切实际的。

这就是之前讨论的狼/狗分类示例中出现的问题。如果研究人员想使用传统机器学习来区分狗和狼，那么他们会设计一个软件，以识别动物在图像中的位置，判断动物的生理特征，比如鼻子的长度、眼睛的颜色、耳朵的形状等。这些特征（而且只有这些特征）将被输入机器学习模型，进行训练和测试。研究人员甚至都不会考虑添加与图像背景相关的特征，因为这些特征显然与他们真正想要解决的现实问题并无关联！然而，在深度学习中，对于所呈现数据有效的任何特征，神经网络可以随意定义，这既是一个缺点，也是一个优点。

没有显式特征提取，并不意味着不需要进行预处理。通常情况下，即便没有显式提取特征，为确保无关信号不会出现，也需要开展很多工作。可能的示例包括：将图像标准化以调整亮度差异，或用标准术语替换文中的术语。

7.2.4.2　数据集大小和数据增强

认真提取特征的主要优点之一是你需要更小的数据集；如果每条数据都能被提炼成一小部分非常有意义的数字，那么只需要很少的数据点，便能了解这些数字之间存在的关系。在某些情况下，如果只提取了几个高度有意义的特征，只需要几十个数据点便可训练和测试模型。

但是，深度学习中需要的数据更多，因为不仅需要训练最终分类（即神经网络最后一层的权重），还需要推断输入的特征（即所有先前层的权重）。数据集的大小往往位于几千或几万之间。MNIST数据集是一个著名的手写数字集合，包含60000个训练图像和10000个测试图像，深度学习的许多早期成功案例都得益于MNIST数据集。

如果你没有那么多数据，那该怎么办？一种常见的策略称为"数据增强"，即改变某个数据点，而改变的方式应保留正确的标签，然后将改变后的数据点视作新的数据点，再乘以数据集的有效大小。例如，如果你想确定某个图像是否包含人脸，你可以将其从左到右进行翻转，人脸是否存在的结论应该保持不变。常用的方法（取决于应用程序）就是在之前的情境中随机旋转，重新调整图像大小，或者进行数据增强。

数据增强类型是否合适，取决于你正在研究的内容。如果你正在研究由显微镜拍摄的照片，那么将图像旋转90°可能就很合适，但是，如果你正在寻找人脸，要求顶部和底部保持一致，那么这样操作就不合适了。在训练强大的深度学习模型时，调整数据增强策略通常是关键步骤。

我之前讲过，当数据很少或没有数据时，某些人错误地认为能够实现数据模拟，并能基于此训练出一个有意义的模型。数据增强与这个想法有些不谋而合，但二者存在一个显著的差别。你一开始需要有足够多的数据，而数据中又需要包含有意义的模式，你不能从一开始就使用模拟数据来获得正确的模式。但是，你可以使用数据增强的方法，帮助神经网络剔除许多无用模式。从左到右翻转图像，可以确保分类器找到的不仅仅是一侧的人脸。随机旋转显微镜中的细胞图像，可以确保计算机不会找到依赖于方向等因素的模式。

7.2.4.3 分批处理和训练次数

训练神经网络的另一个问题是其操作通常必须分批完成。一般使用的是传统机器学习模型，整个训练数据集都保存在单台计算机的内存中，最佳拟合参数能一次性实现精确计算。

这种方法不适用于神经网络，原因有两个。首先，训练的数据集通常太大，有时能达到数量级，无法一次全部放入内存中。唯一切实有效的方法就是在内存中和内存外交换数据子集。其次，训练神经网络的算法被称为"反向传播算法"，这个公式没有明确的定义，你可以使用这个公式精确地计算最佳拟合权重，这是数据的一种功能。相反，这种迭代算法不断调整权重，就是为了在多步计算后能逐渐收敛到最佳拟合值。

神经网络的典型训练阶段取决于两个参数：批量大小和

训练次数。如果你的训练数据包括2000张图像，那你可以将批量大小设置为100，再将数据集随机划分为20个大小为100的批次。然后，将这些批次一个接一个地加载到内存中，每个批次都用于调整网络的权重。将所有批次（即整个训练数据集）都处理完毕，就完成了一次训练。

7.2.4.4 迁移学习

在处理小型数据集时，最重要的一种方法就是"迁移学习"，其他人拥有的大型数据集与你的类似。假设你有数百张带有标签的人脸照片，你想按性别对照片进行分类。要想训练出一个好的分类器，这些数据还不够。但是，假设你还有一个已经训练好的网络，它可以将人脸分类为两种：快乐或悲伤。快乐/悲伤分类器的前面几层可能与情绪关系不大，能够识别眼睛和牙齿等原始面部特征，而这些特征在猜测性别时可能同样有用。通过迁移学习，你便能修复神经网络中的前面几层的全部，仅使用你的训练数据，便能调整较高几层的权重。

迁移学习能够大大减少训练期间需要学习的参数数量。像谷歌这样的大型企业和各种研究小组都投入了大量资源，以收集大量数据集，训练非常复杂的模型，这些模型在数据集上的表现非常出色。将这些模型发布在公共域后，迁移学习便能帮我们解决很多问题，由此获得的模型要远优于我们的数据能产生的模型。关键是要找到一个现有的网络，该网络能在类似的图像上进行训练，这样一来，更为基础的特征可能相似。

许多人（包括我在内）都相信迁移学习将是深度学习未来的关键。目前，要找到适合你需求的神经网络可能需要大费周章，而且无法保证肯定能成功。但是，在未来，我们会集中研究一小部分功能超强的神经网络，这些网络的功能与"常识"类似，能够识别出人类大脑凭直觉训练出来的同类型模式，并融入许多相同的隐含假设。不是因为神经网络真的能理解这些事情（至于神经网络是否具备这种能力，我个人持怀疑态度），而是因为神经网络的很多模式都是灵活的，90%的情况都是如此。

7.2.4.5　特征提取

迁移学习有一个特殊变体值得特别关注。回想一下，神经网络层输出的数字特征越来越复杂，最后一层输出的是分类。通常情况下，在迁移学习中，我们只训练数据的最后一层（或最后几层），将前几层的特征提取有效地转化为新的分类问题，但是，也可以获取这些特征（即前一层的输出）并直接使用。换句话说，就是将一段数据提炼成与你正在解决的问题最相关的部分。

这种方法将原始数据转换为数值向量，不同的字段都非常有意义（希望如此），且彼此不同。可将这些特征向量应用于其他任务，例如聚类、通过计算两个向量的距离来估算两点的相似性、将向量嵌入不是神经网络的机器学习模型等。

7.2.4.6　词嵌入

到目前为止，我们默认神经网络的输入都是数字。如果研究的是图像，那这种假设就没问题，因为各种像素的亮度都是先验数字。但是对于像自然语言处理这样的领域，首先，我们必须将原始数据翻译成数字形式，有时甚至要将数字转回文本。

实现这种操作的典型方法是"词嵌入"，将每个词映射到具有固定维数（通常高达几百个）的向量中。通过将词"嵌入"向量空间中，我们希望在嵌入向量的几何形状中，能让词的含义被捕获。例如，你有时会听到研究人员在吹嘘：他们的代码嵌入了"国王"和"王后"这类词：

$$\overline{国王} - \overline{男性} + \overline{女性} \cong \overline{王后}$$

映射是从数据中学习的，将单词的语义内容提炼成适用于机器学习应用程序的数字摘要。

你可能听说过word2vec[①]，这是谷歌在2013年开发的一

---

① 这是一种流行的开源工具，可用于学习以及词嵌入的应用。

种技术，是词嵌入最著名的例子，但也有很多其他的例子。这个领域正在快速发展。

一般来说，如果某个文本语料库能代表我们的研究对象，那么通过训练这个语料库，可以为每个应用程序定制从单词到向量的映射。通常会使用"循环神经网络"（一种专门用于处理序列中数据的神经网络）来完成这一操作，经过训练，该网络便可以根据之前出现的词预测文本中的下一个词。之所以选择使用循环神经网络，并不是因为它具有预测能力，而是因为其特征提取能力（参考第7.2.4.5节），被提取的特征被视为一个词的嵌入。

7.3 自然语言处理（NLP）

提到神经网络，大多数内容使用的示例都来自图像处理。其原因在于，虽然严格来说，神经网络属于通用的机器学习模型，可用于处理任何数值数据，但是就应用于图像的卷积网络而言，它们大获成功。

自然语言处理可能是深度学习的下一个前沿领域，但迄今为止所获得的结果并不理想。NLP技术将深度学习与更传统方法结合在一起，本节将就此展开说明。

7.3.1 截然不同：语言与统计学

在自然语言处理领域中，存在两种截然不同的类别，二者使用的技术大不相同，有时甚至相互矛盾，我将其称为"统计NLP"和"语言NLP"。语言NLP侧重于从语言角度理解语言，使用的技术很多，例如识别哪些单词是动词或分析句子结构。理论上听起来不错，但在实践中却常常困难重重，原因在于人类会错误使用语言、打破规则、针对背景信息作出假设并将其融入话语中，方式多种多样。统计NLP会使用大量训练数据语料库，在语言中找到可用于实际情景的统计模式，从而解决这个问题。你可能会注意到，"犬"和"吠"经常一起出现；比起其他文本媒体，"尼日利亚王子"这个词在电子邮件语料库中更常见。就个人而言，我认为统计NLP是一种钝力解决方案，可用来解决语言NLP实施困难的问题。

现代社会中，大型数据集（如网络）盛行，让二者之间的差异变得更加明显，统计NLP往往占上风。最好的机器翻译引擎（例如，谷歌翻译）能自动翻译网站，这类技术主要属于统计NLP。通过训练数以千计的人工翻译实例，完成构建操作，实例包括以多种语言发表的报纸文章或者翻译的书籍。一些语言学家抗议说，这种做法就是在回避一个科学问题：人类大脑到底是如何处理语言的。事实确实如此，但最重要的是，通常能达到更好的结果，比起基础认知科学，从业者们对直接的应用情况更感兴趣。尽管此处讨论的所有技术都可能会涉及一些语言预处理操作，但基本上都属于统计学领域。

7.3.2　减少麻烦：考虑使用正则表达式

值得注意的是，NLP这种技术相对复杂，也就是说，NLP难以使用，容易出现异常错误。作为一种工具，NLP是不可或缺的。但我经常看到，有些情况使用了NLP，其实使用更简单的工具效果会更好。具体来说，你应该作好准备，尝试使用"正则表达式"。

正则表达式是一种能准确描述文本中出现的模式的方法。举个简单的例子，正则表达式"A[B–F]*G"表示："任何以A开头的文本，后接从字母B到F的任意组合（也可能没有这些字母），长度任意，最后以G结尾"。所以，"ABBEFG""AG"和"ACCG"都是符合表达式的文本示例；而"AXG"和"ABGK"不符合。正则表达式是一种人们可编辑的方式，能精确描述各种模式，任何编程语言都能够解析正则表达式，并在文档中发现它们的存在。

要强调的一点是：正则表达式与机器学习（这是NLP技

术的主要用途）无关。正则表达式是由人类制定的精确规则，而不是从数据中学习的概率模式。然而，正则表达式通常可以解决许多相同的问题。例如：

- 假设你有一些来自公司销售团队的内部消息，你想确定哪些消息能让你联系到新的潜在客户，那你就可以使用正则表达式，以识别消息中的电话号码和电子邮件地址，然后只查看包含电话/电子邮件（目前不在系统中）的消息。

- 假设你已自动生成与客户服务中心的电话记录，你想标记客户生气的几通电话。你可以使用关键字列表来查找含有低俗语言的实例，再标记它出现的所有对话。但是，这个列表会很长，因为英文中大多数低俗用词都有许多变形（以"ing"或"ed"等结尾）。你可以使用正则表达式来简单描述某个低俗用词的所有变形，再寻找该模式。

在这些情况下，其实正则表达式都无法完全发挥作用。但机器学习模型也是如此，机器学习需要收集数据和训练模型，比较麻烦，而且失败原因一直都难以确定。正则表达式易于设计，易于实现，用户可以清楚了解其内容。

正则表达式的最大问题是，在实践中，复杂的模式比你想象的要快，表达式就变得相对笨重。在人类认知领域中，这是一个有趣的案例研究，原因是我们能轻易、直观地"获得"一种模式，却无法真正理解它的正则表达式。显然，正则表达式与大脑表现其模式的方式大相径庭。

我不会详细介绍正则表达式，表7-1列举了其主要特点，正是因为这些特点，正则表达式才具有如此强大的灵活性。

表7-1　正则表达式的特点

特点	示例	过滤条件
[ ]表示一组字符中的任何一个	[Abc42]	A B C
-表示范围	[A-F]	A C F
*表示任意重复	A[BC]*	A ACBBBC
{ }给出准确的计数	[AB]{2}	AB AA BA BB
|表示一个或另一个	A|B	A B
( )用于嵌套表达式	A|(BC*)	A BCCCC

7.3.3　软件和数据集

NLP处理的计算效率通常非常低。即使是简单的任务（例如，确定一个词是否是名词），也可能需要查阅查找表，而这个查找表需要包含一种语言的整个词典。在解析句子含义等更复杂的任务中，还需要弄清楚句子结构，如果句子中存在歧义（通常是存在的），那么处理操作就是难上加难。而这一切都并未考虑诸如拼写错误、俚语和违反语法规则之类的事情。你可以在非常大的数据集上训练更笨拙的模型，能够解决部分问题，但是，这只会让你的数据大小问题变得更严重。

在公共域中，有许多标准化的语言数据集。根据数据集的情况，语言数据集对所有内容进行分类，包括单词的定义、哪些单词是同义词、语法规则。用于编程语言的大多数NLP库至少都会使用一个语言数据集。

有一个词汇数据库值得一提：WordNet[①]。WordNet涉及的是英语语言，核心概念是"同义词集合"（synset）。synset是一组含义大致相近的单词的集合。将每个单词放入其关联的synset，这种方法能很好地对两个句子作出比较，举例来说，这两个句子是否正在使用不同的术语讨论相同的内容。更重要的是，以"run"为例，这类词有点模棱两可，具有许多不同的可能含义，是多个不同synset的一分子。使用正确的synset能够消除句子歧义。我认为，synset就是一种单独语言的多个单词，没有歧义，也没有多余的同义词。

----

① 这是一个流行的词汇数据库，将词分组为"synset"，所有词的含义都相似。

7.3.4　关键问题：矢量化

正如我在神经网络那一节所述，在处理自然语言时，一个难题就是机器学习模型（包括神经网络）是在数值向量上运行的，这种数据类型与一段文本完全不同。因此，在将机器学习用于NLP时，关键问题在于如何将一段文本转换为数字向量。

这是特征提取的一个特例：如何将原始数据（无论是什么格式）转换为有意义的数字字段。与其他类型的特征提取一样，这个问题本身就很复杂，不过幸运的是，因为NLP这个领域已得到充分研究，所以很多现成解决方案都很好用。我之前稍微提及了词嵌入，这种方法非常现代，算法复杂，需要在一些高维空间中学习从词到向量的映射。但是，通常情况下，人们首次尝试使用的工具是词袋[①]模型，这个工具更加传统，也简单得多。

7.3.5　词袋模型

在NLP（除了一些非常高级的应用）中，最基本的概念可能就是"词袋"，也被称为频率分布。使用这种方法，我

———————————

[①]　词袋是一种NLP技术，将文本转换为向量，即文本向量化，向量表示每个词在文本中出现的频率。

们能将一段自由文本（网络发帖、Word文档或其他任何内容）转换为可以嵌入任何机器学习算法的数字向量。这个概念很简单，语言中每个单词的向量都有一个维度，文档在第 n 维度的分数等于第 n 个单词在文档中出现的次数。之后，这段文本就变成了维度很高的空间中的向量。

本节的大部分内容都是词袋模型的扩展知识。我会简要讨论一些更高深的话题，但在真实情况（也许令人惊讶）中，数据科学家很少采取任何无法适用词袋范式的措施。一旦超出词袋范围，NLP很快就会变成一项极其复杂的操作，一般最好留给专家去解决。

我第一次接触NLP是在谷歌实习时，谷歌的同事向我解释说，NLP就是部分搜索算法的运行方式：把每个网站压缩成一个词袋，再将所有向量规范化；之后，当你需要处理搜索查询时，你也会把它变成一个规范化向量，然后把它的点积与所有网页向量相乘。因为两个规范化向量的点积等于它们之间夹角的余弦值，所以这也被称为"余弦相似度"。就余弦相似度较高的网页来说，网页内容与查询最为相似，也就是说，这些网页的搜索结果可能最佳。

接下来，我们来扩展介绍一下词向量：

● 英语单词的数量惊人，如果我们统计拼写错误等情况的数量，那么可能在文本中出现的字符串就数不胜数。我们需要采取一些措施来进行限制。

● 有些词比其他词提供的有用信息更多，我们希望将重要性作为衡量依据。

● 有些词根本不重要。有的词（例如"我""是"）通常被称为"停用词"，我们可能一开始就不想用它们。

● 同一个词可以有多种形式。我们可能想把每个词都标准化，这样一来，"ran""runs"和"running"就变成了同一个词，这就是"词形还原"。[①]

● 有时几个词具有相同或相似的含义。在这种情况下，我们想要的不是词，而是意义。"synset"是一组同义词，因此我们可以使用synset，而不是词。

● 有时我们更想要短语，而不是单个词。n个词按顺序排列，这一组词被称为"n-gram"，我们可以使用n-gram代替单个词。

在运行使用词袋的代码时，有一点值得引起注意。从数学角度看，你可以将词向量视为法向量，即一列有序数字，不同的索引对应语言中的不同词。具体来说，"emerald"可能对应索引25，单词"integrity"对应索引1047，依此类推。但是，通常情况下，将向量存储为从单词名称到与单词

---

① 在这种NLP技术中，用词根代替词。

相关联的数字的映射。一般不需要具体说明哪些单词对应哪些向量索引，从数学角度看，区别不大，这就导致在数据处理中添加了一个人类无法辨认的层，这不是个好方法。事实上，对于许多应用程序来说，甚至不需要明确列举所有被捕获单词的集合。这不仅仅与人类可读性有关：存储的向量一般非常稀疏，因此，仅仅存储非零条目，计算效果反而更好。

7.4　知识库和图表

另一类重要的人工智能技术是"知识系统"或"知识图谱"。目前，这个术语还有点模糊，因此我无法像深度神经网络那样为你全面介绍这个专业概念。

你可能经常会用到知识库。如果你使用谷歌浏览器搜索特定实体（名人、国家等），那么搜索结果页面的右侧通常会出现一个信息框，为你的搜索对象提供一些高级摘要信息。这种服务是由谷歌知识图谱提供的，这是谷歌内部使用的一种产品，存储了与数亿词条有关的约700亿个事实（截至2016年）。

知识库是一种以计算机能理解的结构化格式存储信息的

方法。大多数知识库都经过精心策划，针对的是特定专业领域，但在某些情况下（例如，谷歌知识图谱），知识库涵盖的主题十分广泛，大多数都是通过爬取大量文档语料库自动生成的。典型的知识库包含两部分：

- 一部分知识库集合了与专业领域相关的原始事实。通常情况下，这些信息存储在本体[①]中，稍后我将作出介绍。

- 另一部分是某种形式的推理引擎，可以处理原始事实，回答问题，并根据事实得出合乎逻辑的结论。推理引擎的操作与计算机存储其事实的方式以及适用的处理类型密切相关。

神经网络会将信息代入复杂的哈希算法，从而"学习"信息，与此不同的是，知识库的一个关键特征是：人类能够理解知识库内容，并进行核实和编辑。

主要使用知识库的领域包括：

- 医学：在医学领域，最为人所知的就是数量庞大且难以理解的医学术语，很多术语和缩写在不同语境中的含义都不尽相同。

- 地理：城市、街道和地理特征的布局十分复杂，让人

———————

[①] 本体是关于某个特定领域的事实语料库，以计算机可读格式进行存储。

头疼。然而，一旦确定了知识库，你就能对其进行查询，方式相当简单。

这两个示例有共同之处，这些共同点是以下情况的基础，在这些情况下，知识库可能具有意义：

- 很多"原始数据"都会用来自动生成知识库的粗略版本，在这些情况下，示例包括地图、医学词典等。

- 一旦你掌握了知识库的简单版本，就能注意到错误，专家可以进行手动更正，可以用错误的出现频率来衡量知识库的准确性。

- 不同实体之间的关系可能非常复杂，不仅仅是精炼的树形分类系统。同时，几个实体之间的关系类型的数量是有限的。

- 重要的是，你提出的数据库问题通常属于有准确答案的几类。

- 知识库描述的基本事实相对稳定。特别的是，一旦你在修改草稿时尽了全力，在一段时间内，知识库都会保持准确。而且，随着基本事实本身发生变化，你主要需要纠正错误。

除了公共域中的各种标准化知识库外，很多企业也喜欢创建内部知识库。这些内部知识库通常是由客户支持的聊天机器人的核心，以最少的人为干预为用户提供其需要的信息，也可以将知识库用作内部工具，将谷歌文档和维基的异构集合浓缩为单一的界面。

　　创建和维护知识库并非易事，即便使用的是预先存在的知识库，你也需要快速了解它的界面、优势和局限性。除非你需要的服务依赖于知识库的核心处理能力，否则，不值得如此费心。

后记

在我刚成为数据科学家时，我学习了两种高级编程语言：Pig和Hive。这两者当时都是时髦的高级语言，能被编译成一系列map-reduce作业，运行于Hadoop集群上。非常棒的一点就是：你能省去很多烦琐工作（例如，编写映射器和reducer），只需专注于数据处理管道的逻辑结构。即使Pig和Hive可能无法承受时间的考验，但在当时，它们显然是未来的潮流；大家都认为在10年后，编写map-reduce工作就好像是在修补汇编代码。

如今，Pig和Hive都已成为历史，其预示的革命也毫无踪影。Spark出现了，我们可以在Scala和Python中编写map-reduce作业。事实证明，如果你使用的编程语言很合适，那么编写map-reduce作业就会变得既简单又有趣，但不是像Pig这样的极简主义怪物。预测也不过如此……

在数据科学领域中，尚未出现一本权威书籍，因为未知数实在太多了。在达到基本限制之前，神经网络到底能有多强大？未来的计算机能否既速度飞快，又内存很大，也不需要我们为了保住性能而牺牲灵活性？教育系统能否培养出杰出的数据科学家？还是说优秀的数据科学家会继续成为稀有的"独角兽"？这门学科的本质以及整个商业领域的未来，都取决于这些问题。

因此，本书的目标并不是"教授数据科学知识"，这是不可能实现的。相反，我就是想介绍一些工具，帮你与时俱进！虽然无法判断哪些技术能经受住时间的考验，哪些技术会被遗忘，但是我希望你能了解这些变化出现的原因，感知到即将出现的问题。新的分析范式与本书中概述的范式形成竞争关系，因此，我想让你了解它们的优势和劣势。最重要的是，面对潮流和流行语，我希望你能够在所有情况下都做到透过现象看本质，利用手边的信息帮你的企业做出最佳决策。

说了这么多关于预测的坏话，现在我要做出自己的预测：数据科学将从一种职业发展为一系列技能。如今，遗留数据集更有条理，也出现了更多对用户友好的工具，对基本计算机技能进行质量分析的需求也随之越来越少。像我这样的专职数据科学家已经把能轻易实现的目标都实现了，在未来，专家需要提出并解决真正重要的问题。

读完本书，你可能会学会如何与数据科学顾问展开沟通，将商业问题简化到就算是外行人也能参与。但是，企业内部人员或者行业内部人员才是长期价值之所在。专职数据科学家渐渐不再选择专用机器学习模型或通用软件，未来，优秀的数据科学家将会把自己的定位变成工程师、生物学家、网站设计师或其他领域的专家。届时，分析技能将渗透到每个工作场所，为各个层面的决策提供信息，数据时代将真正来临。